1   **Haut**

2   **Lunge, Herz, Gefäße und Blut**

3   **Lymph. Gewebe und Immunsystem**

4   **Zentrales Nervensystem, Auge und Ohr**

       Anhang

       Index

D1683858

Ulrike Bommas-Ebert

Histologie Band 2

MEDI-LEARN Skriptenreihe

6., komplett überarbeitete Auflage

MEDI-LEARN Verlag GbR

Autoren: Ulrike Bommas-Ebert, Maximilian Drewes (1.–3. Auflage)
Fachlicher Beirat: PD Dr. Rainer Viktor Haberberger

Teil 2 des Histologiepaketes, nur im Paket erhältlich
ISBN-13: 978-3-95658-004-8

Herausgeber:
MEDI-LEARN Verlag GbR
Dorfstraße 57, 24107 Ottendorf
Tel. 0431 78025-0, Fax 0431 78025-262
E-Mail redaktion@medi-learn.de
www.medi-learn.de

Verlagsredaktion:
Dr. Marlies Weier, Dipl.-Oek./Medizin (FH) Désirée Weber, Denise Drdacky, Jens Plasger, Sabine Behnsch, Philipp Dahm, Christine Marx, Florian Pyschny, Christian Weier

Layout und Satz:
Fritz Ramcke, Kristina Junghans,
Christian Gottschalk

Grafiken:
Dr. Günter Körtner, Irina Kart, Alexander Dospil,
Christine Marx

Illustration:
Daniel Lüdeling

Druck:
A.C. Ehlers Medienproduktion GmbH

6. Auflage 2014
© 2014 MEDI-LEARN Verlag GbR, Marburg

Das vorliegende Werk ist in all seinen Teilen urheberrechtlich geschützt. Alle Rechte sind vorbehalten, insbesondere das Recht der Übersetzung, des Vortrags, der Reproduktion, der Vervielfältigung auf fotomechanischen oder anderen Wegen und Speicherung in elektronischen Medien.
Ungeachtet der Sorgfalt, die auf die Erstellung von Texten und Abbildungen verwendet wurde, können weder Verlag noch Autor oder Herausgeber für mögliche Fehler und deren Folgen eine juristische Verantwortung oder irgendeine Haftung übernehmen.

Wichtiger Hinweis für alle Leser
Die Medizin ist als Naturwissenschaft ständigen Veränderungen und Neuerungen unterworfen. Sowohl die Forschung als auch klinische Erfahrungen führen dazu, dass der Wissensstand ständig erweitert wird. Dies gilt insbesondere für medikamentöse Therapie und andere Behandlungen. Alle Dosierungen oder Applikationen in diesem Buch unterliegen diesen Veränderungen.
Obwohl das MEDI-LEARN Team größte Sorgfalt in Bezug auf die Angabe von Dosierungen oder Applikationen hat walten lassen, kann es hierfür keine Gewähr übernehmen. Jeder Leser ist angehalten, durch genaue Lektüre der Beipackzettel oder Rücksprache mit einem Spezialisten zu überprüfen, ob die Dosierung oder die Applikationsdauer oder -menge zutrifft. Jede Dosierung oder Applikation erfolgt auf eigene Gefahr des Benutzers. Sollten Fehler auffallen, bitten wir dringend darum, uns darüber in Kenntnis zu setzen.

Inhalt

1	**Haut**	**1**
1.1	Zwei Häute	1
1.2	Die Haut als Barriere	2
1.2.1	Dermis (Corium) und Epidermis	3
1.2.2	Stratum basale	3
1.2.3	Melanozyten	4
1.2.4	Stratum spinosum	4
1.2.5	Stratum germinativum	5
1.2.6	Stratum granulosum	5
1.2.7	Stratum corneum	5
1.3	Die Haut als Sinnesorgan	5
1.3.1	Freie Nervenenden	5
1.3.2	Merkel-Zellen	6
1.3.3	Meissner-Tastkörperchen	6
1.3.4	Vater-Pacini-Körperchen	6
2	**Lunge, Herz, Gefäße und Blut**	**9**
2.1	Trachea	10
2.1.1	Respiratorisches Epithel	10
2.2	Bronchien	11
2.3	Ductus alveolaris und Alveolen	12
2.4	Lungenkapillaren	13
2.5	Herz	14
2.6	Gefäße	15
2.7	Allgemeiner Aufbau der Gefäße	15
2.8	Arterien	15
2.9	Venen	15
2.10	Kapillaren	15
2.11	Lymphgefäße	16
2.12	Blut	16
2.12.1	Erythrozyten	17
2.12.2	Thrombozyten	17
2.12.3	Lymphozyten	17
2.12.4	Neutrophile Granulozyten	17
2.12.5	Eosinophile Granulozyten	17
2.12.6	Basophile Granulozyten	17
2.12.7	Monozyten	18
3	**Lymphatisches Gewebe und Immunsystem**	**22**
3.1	Lymphknoten	23
3.2	Milz	24
3.3	Thymus	26
3.4	Tonsillen	27
4	**Zentrales Nervensystem, Auge und Ohr**	**31**
4.1	Afferenzen	31
4.1.1	Auge	31
4.1.2	Ohr	34
4.2	Rückenmark	36
4.3	Spinalganglion	37
4.4	Kleinhirn	38
4.5	Großhirn	41
4.6	Hirnstamm/Monoaminerge Systeme	42
Anhang		**48**
IMPP-Bilder		48
Hitliste der Histologie		54
Das „Who is who" der Histologie		54

Ein besonderer Berufsstand braucht besondere Finanzberatung.

Als einzige heilberufespezifische Finanz- und Wirtschaftsberatung in Deutschland bieten wir Ihnen seit Jahrzehnten Lösungen und Services auf höchstem Niveau. Immer ausgerichtet an Ihrem ganz besonderen Bedarf – damit Sie den Rücken frei haben für Ihre anspruchsvolle Arbeit.

- Services und Produktlösungen vom Studium bis zur Niederlassung
- Berufliche und private Finanzplanung
- Beratung zu und Vermittlung von Altersvorsorge, Versicherungen, Finanzierungen, Kapitalanlagen
- Niederlassungsplanung & Praxisvermittlung
- Betriebswirtschaftliche Beratung

Lassen Sie sich beraten!

Nähere Informationen und unseren Repräsentanten vor Ort finden Sie im Internet unter www.aerzte-finanz.de

Standesgemäße Finanz- und Wirtschaftsberatung

1 Haut

 Fragen in den letzten 10 Examen: 6

Die kleinste funktionelle Einheit unseres Körpers ist die Zelle, deren unterschiedliche Aufgaben du in der allgemeinen Histologie schon kennengelernt hast. Die nächsthöhere Organisationseinheit und das Thema dieses Skripts ist der Zellverbund/das Gewebe. Mit den Geweben, ihrem Aufbau und ihrer Funktion beschäftigt sich die spezielle Histologie.

In der Natur geht es zu wie in der Wirtschaft: Alles schreit nach Effizienz! Unser Körper bildet da keine Ausnahme. Da er das Ergebnis einer langen Entwicklung ist, können wir – im Gegensatz zur Wirtschaft – jedoch davon ausgehen, dass es sich bei den darin ablaufenden Prozessen um sehr effektive und hochfunktionelle Abläufe handelt.

Lernen sollte ebenfalls ein effektiver Vorgang sein, denn dann bleibt mehr Zeit für andere Dinge. Deshalb kommt es nicht nur darauf an, sich detailliertes Wissen irgendwie „einzupauken", sondern auch darauf, es sinnvoll und rasch abrufbar zu speichern.

Daher haben wir die einzelnen Gewebe unter dem Aspekt ihrer jeweiligen Funktionen dargestellt. Ausgehend von den Funktionen kann man den Einzelteilen dann ihren Platz im Körper zuordnen. An diesem Platz hat jede Zelle bestimmte Bedürfnisse oder Anforderungen, die ihre molekularbiologische Ausstattung erklären (meistens zumindest).

So erhält dein Wissen eine hierarchische Gliederung:
- allgemeine Anforderungen (Funktion)
- Organ/Organaufbau (spezielle Gewebelehre)
- benötigte Zellpopulationen/Zellen mit bestimmter Ausstattung.

In der schriftlichen Prüfung bewegt man sich zwar fast nur auf den untersten Ebenen, aber wenn du in der mündlichen Prüfung Stellung beziehen musst, ist es am besten, nach dem oben genannten Prinzip (vom Großen ins Kleine) vorzugehen. Das zeigt dem Prüfer, dass du strukturiert denken und arbeiten kannst. Außerdem reitet kaum ein Prüfer auf Details rum, wenn die Basics souverän vorgetragen werden. So, aber jetzt genug der allgemeinen Tipps. Steigen wir ein ins Reich der kleinen Dinge und schauen uns den Menschen durchs Mikroskop an.

Die Haut ist unser größtes Organ. Als Barriere gegenüber der Außenwelt hat sie schützende Aufgaben zu erfüllen. Andererseits stellt sie aber auch eine enorm große Kontaktfläche zur Umwelt dar, über die wir viele Informationen aufnehmen. Damit ist das Aufgabenfeld unserer Haut auch schon abgesteckt. Nun stellt sich noch die Frage, wie sie all diese Aufgaben bewältigen kann.

Was du wissen solltest, ist, dass man die Haut histologisch in verschiedene Schichten unterteilt und jede dieser Schichten einen mehr oder weniger klangvollen Namen hat (s. Abb. 1 a, S. 2 und Abb. 1 b, S. 3).

> **Merke!**
>
> Die Zellen, die unsere Haut bilden, heißen Keratinozyten.

1.1 Zwei Häute

Wie die Überschrift schon vermuten lässt, haben wir nicht nur eine, sondern zwei Hautarten:
- Leistenhaut,
- Felderhaut.

Die **Leistenhaut** (s. IMPP-Bild 1, S. 48 im Anhang) kommt nur an der Innenseite unserer Hände und Füße vor. Wenn du dir deine Hände einmal anschaust, verstehst du sicherlich auch, warum sie Leistenhaut heißt. Das kommt daher, weil sie in Linien (Leisten) verläuft. Außer-

1 Haut

dem ist sie durch Haarlosigkeit und eine hohe Dichte an Schweißdrüsen charakterisiert, was du immer dann feststellen kannst, wenn du aufgeregt bist. Im Unterschied zur Felderhaut besitzt sie ein ausgeprägtes Stratum lucidum in der Epidermis. Die **Felderhaut** findet sich z. B. auf dem Handrücken. Wenn du deine Hände umdrehst und ganz genau betrachtest, so kannst du dort lauter kleine rautenförmige Felder erkennen. Wo sich die begrenzenden Furchen treffen oder kreuzen, sprießen unsere Körperhaare hervor. Die Schweißdrüsen befinden sich genau in der Mitte dieser Felder.

> **Merke!**
> - Die Felderhaut ist charakterisiert durch Behaarung und Talgdrüsen. Schweißdrüsen sind ebenfalls vorhanden.
> - Die Leistenhaut hat – verglichen mit der Felderhaut – eine höhere Dichte an Schweißdrüsen.

Übrigens ...
- Haare kommen stets gemeinsam mit Talgdrüsen vor, was sich z. B. nach einem fiesen Lernmarathon unschwer an der fettigen Kopfbehaarung erkennen lässt.
- Bei Kältereiz kommt es unter anderem zu einem Aufrichten der Haare auf dem Unterarm („Gänsehaut") durch den M. arrector pili. Dieser wird am ehesten durch noradrenerge sympathische Nervenfasern zur Kontraktion angeregt.

1.2 Die Haut als Barriere

Oder: Wie schützt uns unsere Haut vor der Außenwelt, und was bedroht uns eigentlich? Sieht man von unserer eigenen Dummheit und wilden Tieren einmal ab, dann bleiben fast nur noch physikalisch-chemische Bedrohungen und kleinste Tierchen (Bakterien und Viren) übrig.

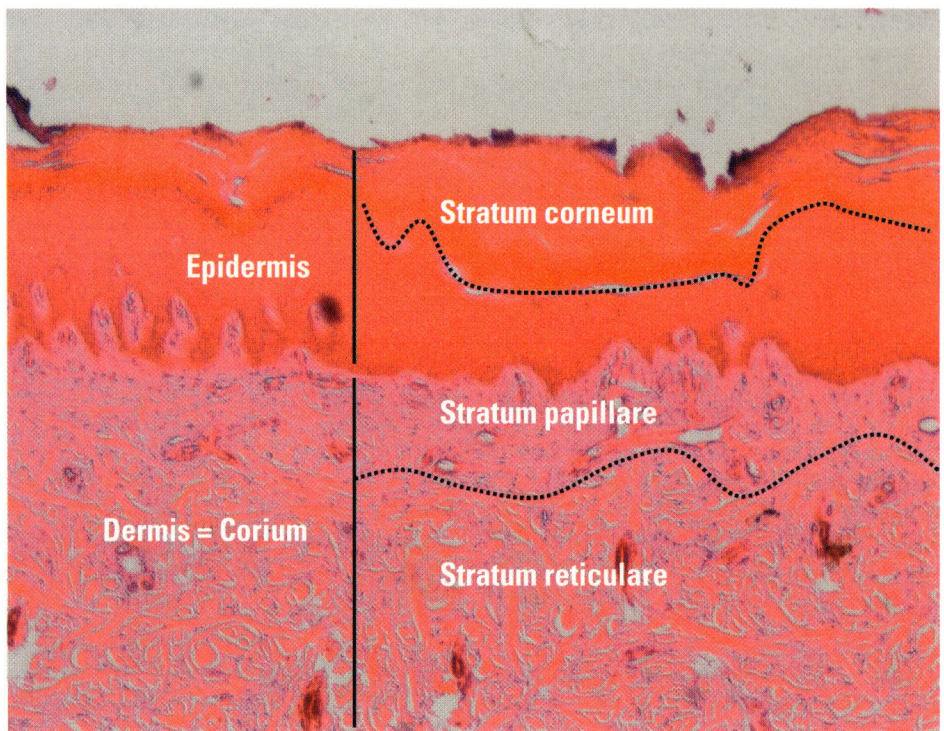

Abb. 1 a: Hautschichten medi-learn.de/6-histo2-1a

1.2.1 Dermis (Corium) und Epidermis

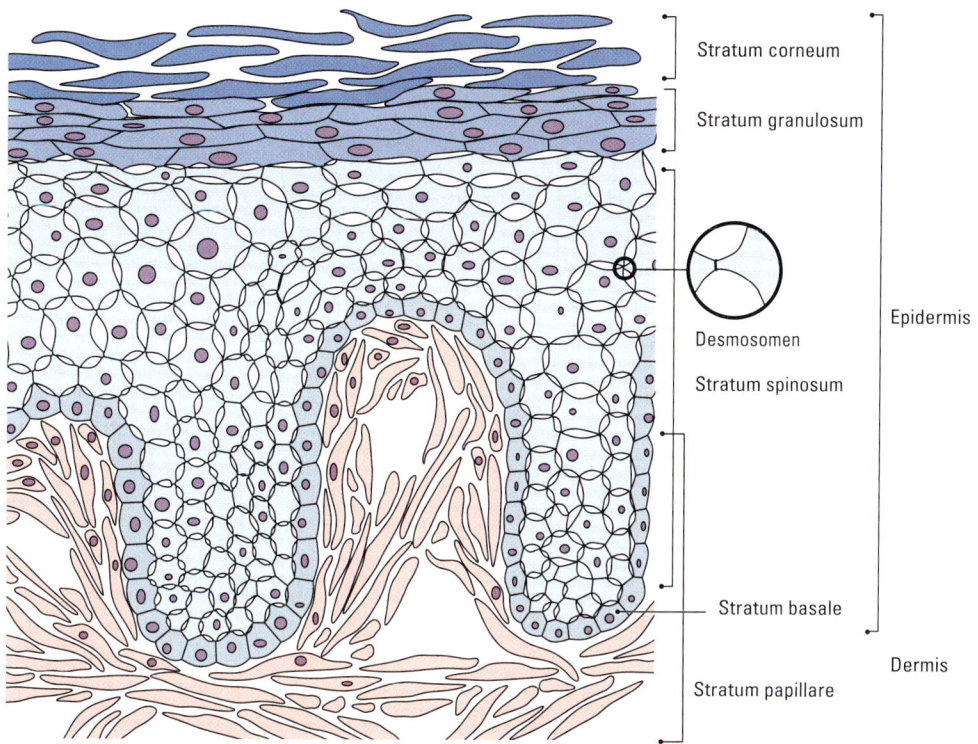

Abb. 1 b: Hautschichten

medi-learn.de/6-histo2-1b

1.2.1 Dermis (Corium) und Epidermis

Die erste Voraussetzung für die Erfüllung ihrer Schutzaufgabe ist, dass unsere Haut dort bleibt, wo sie ist. Dafür braucht sie eine gute Verankerung. Sieht man sich die Histologie der Haut an, so erkennt man einen großen Wellenkamm. Auf seiner Höhe greifen die **Dermis** und die **Epidermis** ineinander (s. Abb. 1 a, S. 2 und Abb. 1 b, S. 3). Zapfen von Bindegewebe schieben sich von unten zwischen die dunkler gefärbten Reteleisten der Epidermis. Diese Zone heißt **Stratum papillare** und trennt die **Epidermis** von der **Dermis**.

> **Merke!**
>
> Am Übergang der Epidermis zum Corium/Dermis finden sich in den Spitzen der Papillen viele Mastzellen.

Dermis und **Cutis** setzen sich nach unten als **Stratum reticulare** fort, dessen Bindegewebe sich immer weiter verläuft, bis es schließlich nur noch als bindegewebige Septen durch das Unterhautfettgewebe zieht. Das gehört dann schon zur Subcutis. Zwischen dem aufgelockerten Bindegewebe sind Schweiß- und Talgdrüsen sowie die Haarzwiebeln (Bulbus) eingelagert.

1.2.2 Stratum basale

Eine nicht unwesentliche Bedrohung, der die Haut entgegenwirken muss, ist der Verschleiß. Durch mechanische Belastung findet nämlich ein ständiger Abrieb an der Oberfläche statt, der aus der Tiefe ersetzt werden muss. Dies gewährleistet unsere Haut, indem sie einfach ständig neue Haut produziert.

Übrigens ...
- Der tägliche Verlust an Hornschicht beträgt zwischen sechs und 14 Gramm.
- Die Erneuerung der Haut dauert etwa 30 Tage und kann bei verschiedenen Krankheiten bis zu fünfmal so schnell stattfinden; Beispiel: Schuppenflechte.

Die Hautproduktion findet in einer spezialisierten Schicht der Epidermis – dem **Stratum basale** – statt. Hier teilen sich also eifrig die Keratinozyten. Für die Prüfung ist es wichtig zu wissen, dass es sich dabei um eine **differenzielle Zellteilung** handelt, was bedeutet, dass eine der Tochterzellen an Ort und Stelle verbleibt und den Kontakt mit der **Basalmembran** behält, während die andere Richtung Sonne abwandert.

Ebenfalls hervorzuheben ist die hohe Mitoserate des Stratum basale. Da sich hier ständig Zellen teilen, finden sich eben auch viele Mitosen. Histologisch lassen sich intrazellulär Chromosomen erkennen.

> **Merke!**
>
> - Stratum basale bezeichnet z. B. bei der Haut und beim Uterus die Schicht des Gewebes, aus der die Regeneration dieses Gewebes erfolgt.
> - Zwischen Basalzellschicht und Lamina densa der Basalmembran sorgt Laminin-5 dafür, dass der Kontakt fest und sicher ist. Besteht ein genetischer Defekt dieses Proteins, so können durch leichten Druck Hautblasen entstehen. Da mit den Basalzellen die regenerative Schicht verloren geht, verheilen diese Blasen unter Narbenbildung.

1.2.3 Melanozyten

Apropos Sonne: Sie ist eine weitere Bedrohung für die Haut. Da die Haut der UV-Strahlung ausgesetzt ist, musste sie eine Abschirmung entwickeln, um die in Mitose befindlichen Zellen zu schützen. Denn gerade in dieser Phase ist unser Erbgut gegenüber der schädigenden (mutativen) UV-Strahlung sehr empfindlich. Das Ergebnis dieser Entwicklung sind die Melanozyten. Diese Zellen sind auf die Produktion von **Melanin aus der Aminosäure Tyrosin** spezialisiert. Dabei handelt es sich um einen dunkelbraunen bis schwarzen Farbstoff, den die Melanozyten an die über ihnen liegenden **Keratinozyten** abgeben können. So stellen sie den Keratinozyten einen inneren Sonnenschutz zur Verfügung.

Entwicklungsgeschichtlich entstammen die Melanozyten der Neuralleiste. Ihren Platz haben sie im **Stratum basale**, von wo aus sie ihre Fortsätze zwischen den Keratinozyten hindurch in Richtung Oberfläche strecken. In Abhängigkeit von der Sonneneinstrahlung werden diese Fortsätze länger oder kürzer.

Die Länge der Melanozytenfortsätze und die Menge der Melaninproduktion entscheiden darüber, ob wir Bleichgesichter sind oder nicht. Die Anzahl der Melanozyten ist bei allen Menschen ungefähr gleich.

> **Merke!**
>
> Melanozyten entstammen der Neuralleiste. Sie produzieren Melanin und Phäomelanin und strecken ihre Fortsätze zwischen die Hautzellen.

1.2.4 Stratum spinosum

An das Stratum basale schließt sich das **Stratum spinosum** an. Es hat seinen Namen von den Zellkontakten, über die die histologisch fixierten Zellen miteinander verbunden bleiben. Durch das Trocknen schrumpfen sie und werden zu kleinen, stacheligen Bällen. In dieser Schicht befinden sich nun endlich die Zellen, die helfen, uns vor Bakterien und Viren zu schützen. Sie heißen **Langerhans-Zellen** und gehören in die Gruppe der **interdigitierenden, Antigen-präsentierenden Zellen**. Interdigitierend bedeutet, dass sie sich in Zellzwischenräumen aufhalten. Antigen-präsentierend heißt, dass sie Fremdproteine (z. B. von Viren) phagozytieren und an ihrer Oberfläche den T- oder B-Zellen präsentieren. Sie sind somit ein wichtiger Teil in der Kette der Abwehrreaktionen unseres Körpers (mehr dazu s. Skript Biochemie 6).

> **Übrigens ...**
> Langerhans-Zellen spielen eine wichtige Rolle bei der allergischen Hautreaktion. Besonders häufig kommen sie in Narbengewebe und in der Haut im Bereich des Ohres vor.

1.2.5 Stratum germinativum

Stratum basale und Stratum spinosum gemeinsam heißen auch Stratum germinativum. Der Name leitet sich von Germination ab, was soviel bedeutet wie Sprossung. Daraus geht hervor, dass sich in dieser Schicht die Zellteilung abspielt. Man bezeichnet das Gewebe dieser Schicht deshalb auch als **Blastem** (griech.: Spross).

1.2.6 Stratum granulosum

Stand vorne noch zu lesen, dass die eine Tochterzelle Richtung Sonne abwandert, so musst du dich nun der traurigen Wahrheit stellen. Denn die aus dem Stratum basale ausgewanderte Tochterzelle gelangt lebend nicht weiter als ins Stratum granulosum. Nachdem sie ihrer Aufgabe – der Produktion von **Keratin** – bis zuletzt nachgekommen ist, beginnt für sie der gerichtete Zelltod, die Apoptose. Histologisch ist das **Stratum granulosum** gekennzeichnet durch eine sehr gute Anfärbbarkeit, weshalb es im Schnitt sofort ins Auge sticht. Hier kannst du es auch gut als Landmarke zur Orientierung nutzen: Es grenzt die Hornschicht nach unten ab. Die im Stratum spinosum noch gut erkennbaren **Zellkerne** lösen sich im Stratum granulosum in kleine Fragmente auf, denn von hier ab geht es nur noch als Keratin weiter. Die Zellen bis zu ihrer Abstoßung am Leben zu erhalten, wäre für unseren effektiven Körper wahrscheinlich ein intolerabler Energieverlust.

1.2.7 Stratum corneum

Diese Hautschicht ist unsere sicherste und wichtigste Barriere gegen mechanische Schäden und gegen Austrocknung. Sie wird von den zugrunde gegangenen **Keratinozyten** und dem zwischen den Zellen liegenden Keratin gebildet. Hier sind nur noch schwer einzelne Zellen abzugrenzen.

1.3 Die Haut als Sinnesorgan

Da wir über die Haut mit der Umwelt in ständigem Kontakt stehen, musste die Haut lernen, unterschiedliche Umweltreize zu erkennen und zu interpretieren. Dazu verfügt sie über spezialisierte Rezeptoren für die verschiedenen Reizarten.
Um auch diesen Abschnitt systematisch zu gliedern, beginnen wir mit den unangenehmen Reizen wie Schmerz und enden mit den angenehmeren Tastreizen.

1.3.1 Freie Nervenenden

Bei den freien Nervenenden der Haut handelt es sich um die Enden markloser Nervenfasern, die sich zwischen den Zellen der Dermis und der Epidermis aufzweigen. Stimuliert werden sie über direkten Kontakt mit Fremdkörpern, durch extreme Scherbewegungen oder durch Mediatoren von Immunzellen.

> **Übrigens ...**
> Bei einer schweren Verbrennung gelten Schmerzen als prognostisch günstig. Sie sind nämlich ein Hinweis darauf, dass die Verbrennung noch nicht ganz bis zur Muskelfaszie hinabreicht.

1 Haut

1.3.2 Merkel-Zellen

Merkel-Zellen dienen der Wahrnehmung von Druck – genauer gesagt von Druckveränderungen – und Dehnung.

> **Merke!**
> Merkel-Zellen gehören zu den langsam adaptierenden Mechanorezeptoren.

1.3.3 Meissner-Tastkörperchen

Diese kleinen Organellen sind in den Papillenspitzen zu Hause (Stratum papillare). Sie sehen aus wie kleine Tannenzapfen und sind besonders zahlreich in der unbehaarten Haut anzutreffen: an den Händen, den Füßen, den Lippen und am Genitale. Dort sorgen sie für die Wahrnehmung angenehmer Reize und sind also echt wichtige Teilchen.

> **Merke!**
> Meissner-Tastkörperchen gehören zu den schnell adaptierenden Mechanorezeptoren.

1.3.4 Vater-Pacini-Körperchen

Vater-Pacini-Körperchen sitzen sehr tief in der Haut, nämlich am Übergang der Cutis zur Subcutis. Mit 2–4 mm sind sie relativ groß. Da es ihre Aufgabe ist, Vibration wahrzunehmen, könnte man sie auch als Beschleunigungsmessgeräte bezeichnen. Zu sehen ist eines auf dem IMPP-Bild 2, S. 48 im Anhang.

DAS BRINGT PUNKTE

Zur **Haut** kamen bislang im Schriftlichen noch jedes Mal ein paar Fragen. Einer der Dauerbrenner ist die Zuordnung einer Hautschicht zu bestimmten Zellarten, die sich darin gehäuft finden.
Um dir hier den Überblick zu erleichtern, eine kurze Zusammenfassung:
- Zur Hautschicht Epidermis gehören folgende Zellarten:
  - Keratinozyten
  - Melanozyten
  - Langerhans-Zellen
  - Merkel-Zellen.
- Zur Hautschicht Stratum basale gehören die Melanozyten.
- Zur Hautschicht Stratum papillare gehören
  - Mastzellen
  - Meissner-Körperchen.

Besonders beliebt sind Fragen nach
- den Melanozyten, die von der Neuralleiste abstammen und Fortsätze zwischen die Keratinozyten schieben.
- den Langerhans-Zellen, die in der Epidermis wohnen und sich dort teilen können.
- den Mastzellen, die sich im Stratum papillare (Corium) aufhalten.

FÜRS MÜNDLICHE

Das erste Kapitel ist geschafft. Passend dazu nun die Fragen aus unserer Prüfungsprotokoll-Datenbank, die sprichwörtlich „unter die Haut gehen".

1. **Erklären Sie mir bitte den Schichtenaufbau der Haut.**
2. **Nennen Sie mir bitte Beispiele für Hautanhangsgebilde.**
3. **Welche verschiedenen Typen von Haut kennen Sie?**
4. **Nennen Sie die Aufgaben der Haut.**

---

1. Erklären Sie mir bitte den Schichtenaufbau der Haut.
Es gibt eine grobe und eine feine Unterteilung der Haut; die grobe unterscheidet zwischen Epidermis und Dermis, in der feinen werden alle Schichten einzeln benannt (s. Abb. 1 a, S. 2 und s. Abb. 1 b, S. 3).
Die folgenden Schichten gehören zur Epidermis und bilden den sich regenerierenden Teil.
Stratum corneum:
- Keine Zellkerne
- Hornsubstanz: Keratohyalingranula und Tonofilamente (= Intermediärfilamente)
- „zementartige" Interzellulärsubstanz schützt vor Flüssigkeitsverlust

Stratum lucidum:
- Zellorganellen abgebaut → Zellen erscheinen durchsichtig
- Vorkommen: NUR in der Leistenhaut

Stratum granulosum:
- apoptotischer Organellenabbau beginnt
- Keratohyalingranula

Stratum spinosum:
- Stachelzellen, stehen untereinander über Intrazellulärbrücken mit Desmosomen in Verbindung
- Langerhans-Zellen

FÜRS MÜNDLICHE

Stratum basale:
- Stammzellschicht, aus der die Epidermis regeneriert (in 30 Tagen)
- Melanozyten
- Merkel-Zellen

Diese zwei Schichten bilden die Dermis, über die die Versorgung der Epidermis gewährleistet wird:
- Stratum papillare,
- Stratum reticulare.

2. Nennen Sie mir bitte Beispiele für Hautanhangsgebilde.
- Haare,
- Schweißdrüsen,
- Nägel.

3. Welche verschiedenen Typen von Haut kennen Sie?
- Leistenhaut,
- Felderhaut.

4. Nennen Sie die Aufgaben der Haut.
Schutzaufgaben
- Schutz vor Austrocknung,
- Schutz vor mechanischen, physikalischen und chemischen Verletzungen und
- Schutz vor Fremdorganismen.

Sinnesorgan zur Wahrnehmung von
- Schmerz,
- Berührung und
- Temperatur.

Mehr Cartoons unter www.medi-learn.de/cartoons

Pause

Kurzes Päuschen gefällig?
Das hast du dir verdient!

2 Lunge, Herz, Gefäße und Blut

Fragen in den letzten 10 Examen: 12

Neben der Haut und dem Darm ist die Lunge ein weiteres Organ, das eine große, direkte Kontaktfläche zur Außenwelt hat. Ihr Sinn und Zweck ist der Gasaustausch. Dafür benötigt sie dreierlei:
- Als erstes einen Transportdienst für Frischluft und Abgase in Gasform,
- dann einen Raum, in dem die Wände dünn genug für die Gasdiffusion sind und
- letztlich den Transportdienst für die Gase in chemisch gebundener Form.

Die zuerst genannte Aufgabe wird von den luftleitenden Wegen – Trachea, Bronchien, Bronchioli terminales und den luftleitenden Abschnitten der Bronchioli respiratorii – übernommen. Sie sind die anatomische Entsprechung des Totraumvolumens (mehr dazu s. Skript Physiologie 4). In ihnen erfolgt also KEIN Gasaustausch.

Der Raum, in dem der Gasaustausch stattfindet, besteht aus den alveolären Abschnitten der Bronchioli respiratorii, den Ductus alveolares und den eigentlichen Alveolen. Die hier anzutreffenden Gasgemische hängen von der Atemtiefe und der Atemfrequenz sowie von den Blutgaskonzentrationen ab. Am Aufbau der Diffusionsbarriere sind Alveolarzellen und Endothelzellen beteiligt. Die wichtigste Barri-

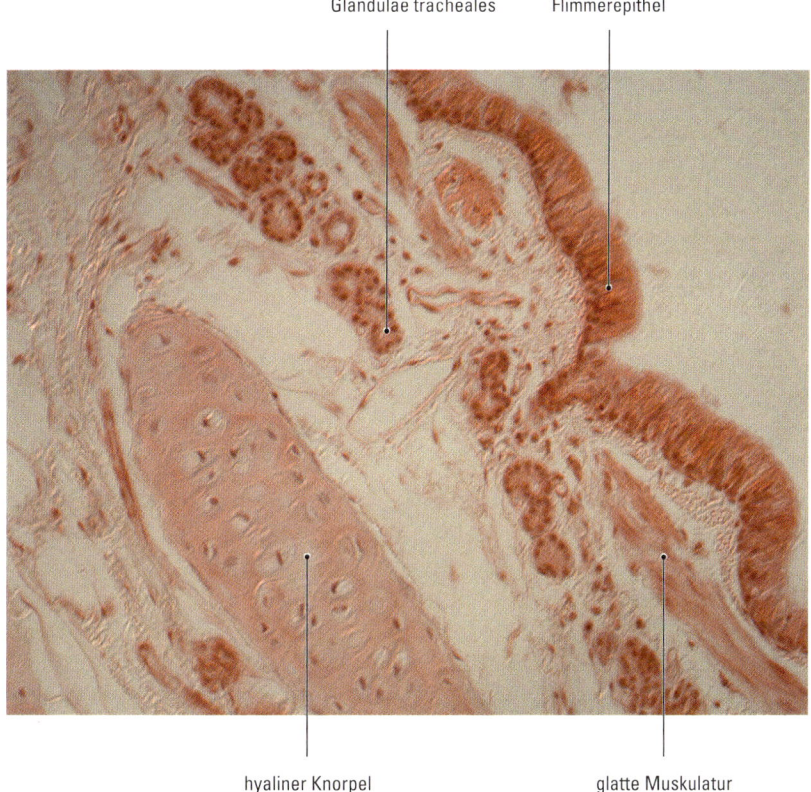

Abb. 2: Trachea

2 Lunge, Herz, Gefäße und Blut

ere gegen das Eindringen von Gewebeflüssigkeit in den Alveolarraum sind die Zonulae occludentes zwischen den Alveolarepithelzellen. Die letzte Aufgabe, den Transport der chemisch gebundenen Gase, übernimmt das Blut, das durch die zahlreichen Kapillaren der Alveolen strömt. Und weil Histologen immer ganz genau hinsehen, darfst auch du jetzt ganz genau schauen, wie diese Aufgaben von den einzelnen Strukturen bewältigt werden.

2.1 Trachea

Die luftleitenden Wege müssen verschiedenen Anforderungen gerecht werden. Zum einen sollten sie immer offen bleiben, denn davon hängt unser Überleben ab. Dies ist gewährleistet, indem in ihre Wand **Knorpelspangen**/Knorpelplättchen eingebaut sind.

> **Übrigens …**
> Im schriftlichen Physikum wurde tatsächlich schon gefragt, wie viele Knorpelspangen die Trachea aufweist. Da vermutlich niemand beim Lernen auf die Idee kommt, sie zu zählen, sei hier die Lösung verraten: Es sind 16–20 Stück, die nach ventral liegen, dorsal sind sie in der Pars membranacea durch den M. trachealis miteinander verbunden.

Des Weiteren ist es wichtig, dass die Luft gereinigt, angewärmt und angefeuchtet wird, bevor sie die Alveolen erreicht. Dafür hat sich ein spezialisiertes Epithel entwickelt. Dieses **respiratorische Epithel** (Flimmerepithel) kleidet alle luftleitenden Wege – von der Nase angefangen – aus.

2.1.1 Respiratorisches Epithel

Dieses spezielle Epithel hat ein paar Worte verdient, da es das kennzeichnende Merkmal der oberen Atemwege ist. Es verliert sich schließlich und kommt in den Bronchioli terminales, den Bronchioli respiratorii und den Ductus alveolares nicht mehr vor. Seine Zellen tragen an ihrer Oberfläche **Kinozilien**, die intrazellulär an **Kinetosomen** verankert sind. Die Kinozilien bewegen sich in einer dünnen Schicht aus flüssigem Sekret, das von den Epithelzellen und den Glandulae tracheales der Lamina propria produziert wird. Auf diesem Flüssigkeitsfilm liegt eine weitere Schicht etwas zäheren Schleims, der von den Becherzellen hergestellt wird. Durch die Bewegung der Kinozilien wird die flüssige Schicht aktiv bewegt und der Schleim passiv in Richtung Ausgang (Larynx) gespült.

> **Übrigens …**
> Bei Menschen mit Mukoviszidose (Zystischer Fibrose) ist ein Gen defekt, das für einen Chlorid-Kanal in der apikalen Membran dieser und anderer Zellen kodiert. Dadurch kommt der dünnflüssige Film nicht mehr zustande und die Kinozilien müssen ihre Arbeit direkt im zähen Schleim verrichten. Die resultierenden Transportstörungen sind der Grund für die häufigen Infektionen dieser Patienten.

> **Merke!**
> – Sind im Schnittbild Lumina zu sehen, die in ihrer Wand Knorpel enthalten, so stammt das Präparat aus einem luftleitenden Abschnitt des Respirationstrakts. Nur den Bronchioli respiratorii fehlt das Knorpelgewebe. Da sie jedoch schon inmitten von Alveolen liegen, dürfte die Diagnose trotzdem gelingen.
> – Erkennst du das auskleidende Epithel als Flimmerepithel, so darfst dur dir ebenfalls des Respirationstrakts sicher sein.

Respiratorisches Epithel zeigt eine **mehrreihige** Anordnung von **hochprismatischen** Zellen, die einer verhältnismäßig dicken Basallamina aufsitzen. Die Zellen, die in der untersten Reihe des

Epithels liegen, heißen sinnigerweise auch **Basalzellen**. Zwischen ihnen befinden sich die **Becherzellen** sowie – bei sehr genauem Hinsehen erkennbar (bei entsprechend guter Färbung) – **Clara-Zellen** und Zellen des **APUD-Systems (endokrine Zellen)**. Diese Schicht aus Basal-, Becher-, Clara- und endokrinen Zellen heißt Lamina mucosa.

Unterhalb davon – in der Lamina propria mucosae – sieht man zwischen zahlreichem Bindegewebe kleine Knäuel von Drüsen, die **Glandulae tracheales**. Direkt im Anschluss daran kommt auch schon das Perichondrium der trachealen Knorpelspangen (s. Abb. 2, S. 9).

> **Übrigens ...**
> Alle diese Schichten folgen dicht auf dicht und es gibt keinen wirklichen Verschiebespalt. Das ist gewollt, da sich die Schleimhaut möglichst wenig bewegen darf, um die Luftwege nicht zu verlegen. Aus dem Grund blutet die Schleimhaut auch so schnell, wenn man sie bei einer Lungenspiegelung mit dem Bronchoskop berührt.

> **Merke!**
> Die Zelltypen der Trachea und der großen Bronchien sind
> – kinozilientragende Zellen,
> – Basalzellen,
> – Becherzellen,
> – Clara-Zellen,
> – endokrine Zellen.

Clara-Zellen

Verstreut im Flimmerepithel liegen einzelne Zellen, die so etwas wie verkürzte Mikrovilli an ihrer Oberfläche tragen. Sie produzieren ein surfactantähnliches Sekret und werden zahlreicher, je weiter es zu den Alveolen hin geht. Diese Zellen heißen Clara-Zellen. Sie sind typisch für den Respirationstrakt und spielen eine Rolle bei der unspezifischen Immunabwehr. Außerdem sezernieren die Clara-Zellen die Surfactant-Proteine SP-A und SP-D (sagt das IMPP).

APUD-Zellen

APUD-Zellen finden sich im ganzen Körper. Sie zeichnen sich durch eine besondere Enzymbesetzung aus und ihr Name steht für „Amino Precursor Uptake and Decarboxylation Cells".

2.2 Bronchien

Zwischen den Hauptbronchien und den Bronchioli terminales reduzieren sich die Knorpelspangen zu kleinen Knorpelplättchen. Dafür kommt eine Schicht **glatter Muskulatur** dazu, die sich der Lamina propria außen anlagert. Die Schleimhaut ist nunmehr **einreihig** und wird auch als **isoprismatisches Epithel** bezeichnet, da die Zellen in ihrer Form nahezu quadratisch sind.

> **Merke!**
> – Die Tunica muscularis liegt auf der Innenseite der Knorpelplättchen.
> – Bildet sich in den Bronchien an einigen Stellen unverhorntes Plattenepithel – anstatt des physiologischerweise dort anzutreffenden Flimmerepithels – so nennt man diesen Vorgang **Metaplasie**. Eine Ursache dafür ist z. B. Zigarettenrauch.
> – Bronchioli **t**erminales sind zum einen als letzte Station des **T**otraums definiert, zum anderen über ihre Größe (Bronchioli < 1mm).

> **Übrigens ...**
> Das Wissen um die neue Lamina muscularis ist von großer Bedeutung. Hierbei handelt es sich nämlich um diejenige Muskulatur, die für die Bronchospasmen z. B. bei einem asthmatischen Anfall verantwortlich ist. Sie wird von parasympathischen Fasern innerviert.

2 Lunge, Herz, Gefäße und Blut

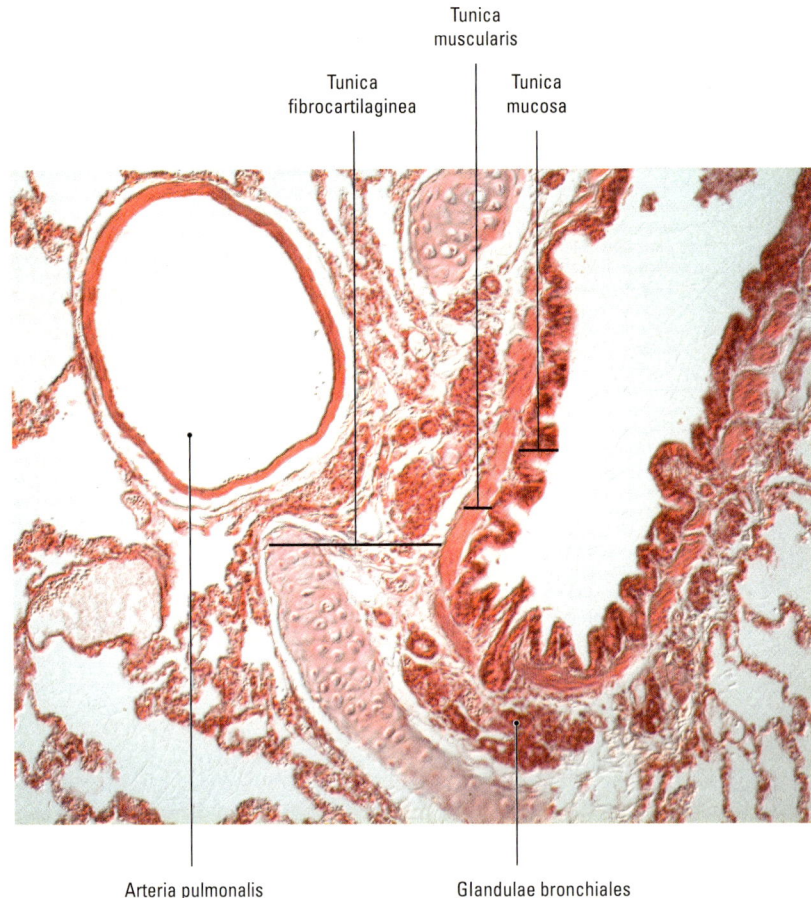

Abb. 3: Bronchus *medi-learn.de/6-histo2-3*

Um den Atembewegungen folgen zu können, enthalten die Bronchioli respiratorii **elastische Fasern**. Diese sind so interessant, dass schon mehrmals im Examen danach gefragt wurde.

2.3 Ductus alveolaris und Alveolen

Knorpel und Muskulatur verlieren sich irgendwann ganz und die isoprismatischen Zellen der Bronchioli respiratorii gehen über in Alveolar(epithel)zellen. Dann ist man am Ort des Gasaustausches angekommen (s. IMPP-Bild 3, S. 49 im Anhang).

Von den **Alveolarepithelzellen** gibt es zwei Typen:
- **Typ I** kommt zwar nicht gerade häufig vor, kleidet aber etwa 93 % der alveolären Oberfläche aus (großflächige Zellen). Diese Zellen sind miteinander durch Tight Junctions verbunden, womit sie sich an der Bildung der **Blut-Luft-Schranke** beteiligen.
- **Typ II** findet sich häufiger als Typ 1, kleidet aber nur etwa 5 % der alveolären Oberfläche aus (kleine, rundliche Zellen). Diese bereits vorgeburtlich reifenden Zellen produzieren den **phospholipidhaltigen Surfactant**, der die Wandspannung der Alveolen so weit senkt, dass sie leichter offen bleiben.

2.4 Lungenkapillaren

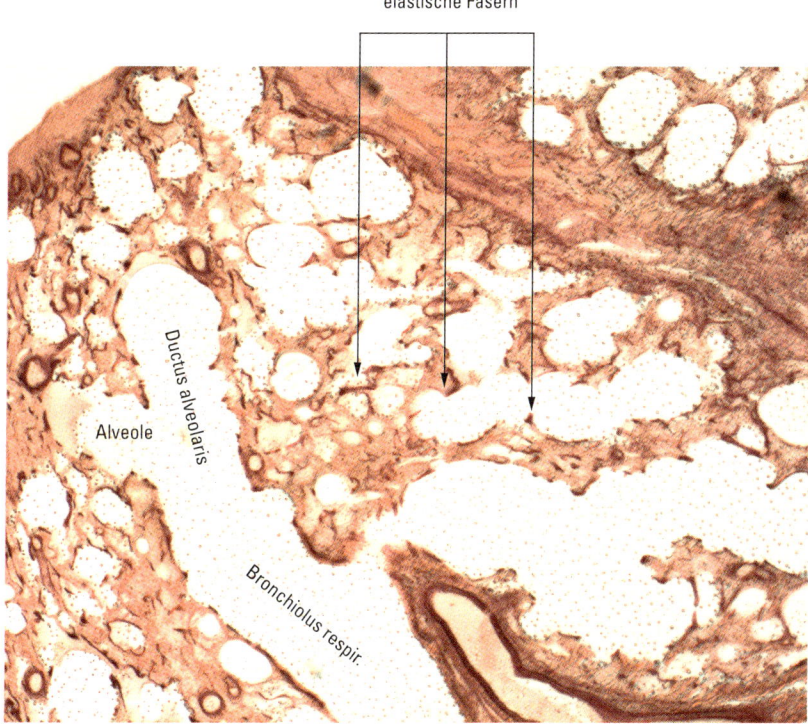

Abb. 4: Ductus alveolaris

medi-learn.de/6-histo2-4

> **Merke!**
> - In den Ductus alveolares und den Alveolen finden sich KEINE Kinozilien mehr.
> - Alveolarepithelzellen vom Typ I sind über Tight Junctions miteinander verbunden.
> - Alveolarepithelzellen vom Typ II gelten als pluripotente Stammzellen. Durch Zellteilung gehen aus ihnen die Alveolarepithelzellen vom Typ I hervor.

So, und falls es trotz aller Sicherheitsvorkehrungen doch noch Schwebeteilchen bis in die Alveolen geschafft haben, lauern hier auf sie die speziellen Alveolarmakrophagen. Diese Fresszellen räumen auf, was der übrige Respirationstrakt liegen ließ. Weil es von diesen possierlichen Tierchen auch Fotos gibt, wurde schon hin und wieder mal im Schriftlichen danach gefragt: Alveolarmakrophagen sehen aus wie Makrophagen, sind aber umgeben von ganz dünnen Wänden aus Alveolarepithelzellen.

2.4 Lungenkapillaren

Wo es eine Blut-Luft-Schranke gibt, gibt es neben der Luft eben auch Blut. Dieses muss durch **Kapillaren** an den Ort des Gasaustausches gelangen. Aus diesem Grund sieht man auf Schnittbildern mit Alveolen auch immer zahlreiche angeschnittene Kapillaren. Sie sind an den Erythrozyten zu erkennen, die sich teilweise noch darin aufhalten. Ausgekleidet sind diese Gefäße nur mit einer sehr dünnen Schicht Endothelzellen, die keinen Spalt zwischen sich lassen.

> **Übrigens ...**
> In den Lungenalveolen finden sich Kapillaren vom NICHT gefensterten Typ. Tritt dennoch Blut in den Alveolarraum

ein, z. B. bei einem Herzkranken, so finden sich in dessen Sputum zahlreiche „Herzfehlerzellen". Dabei handelt es sich um zugrunde gegangene (Alveolar-)Makrophagen, die mit Hämosiderin aus Erythrozyten beladen sind.

> **Merke!**
>
> An dieser Stelle haben wir nun endlich alle Strukturen zusammen, die an der berüchtigten Diffusionsbarriere beteiligt sind:
> – Alveolarepithelzellen vom Typ I und
> – Endothelzellen vom NICHT fenestrierten Typ. Diese beiden Zelltypen liegen so dicht aneinander, dass ihre Basallaminae miteinander verschmolzen sind.
> – Die größte Barriere sind dabei die Zonulae occludentes zwischen den Alveolarepithelzellen.

Das IMPP fragt neuerdings auch gerne mal nach zwei Erkrankungen im Bereich der Lunge:
– **Kartagener Syndrom**: Defekte der Kinozilien
– **Zystische Fibrose (Mukoviszidose)**: Defekt des CFTR-Gens, das einen Chlorid-Kanal kodiert; als Folge wird das Sekret extrem viskös, dies führt zur Bronchienverlegung, Keimbesiedelung und Ateminsuffizienz.

2.5 Herz

Das Herz ist unser zentrales Kreislauforgan, das das Blut in Schwung hält. Außerdem ist es essentiell im Umgang mit unseren Mitmenschen.

Histologisch beschränken sich die Fragen zu diesem Organ auf den Aufbau der Herzmuskulatur, der im Skript Histologie 1 erläutert wird. Darum wird in diesem Skript nicht näher darauf eingegangen.

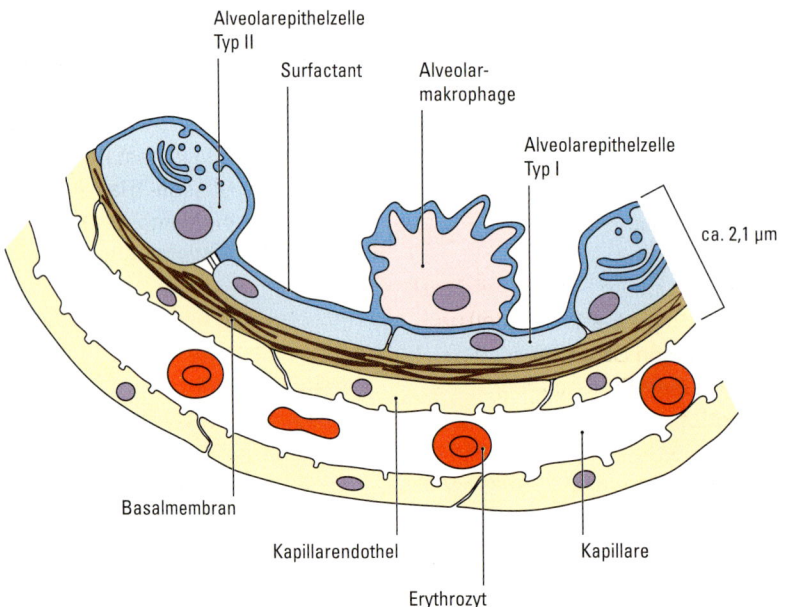

Abb. 5: Histologie der Alveolen und Blut-Luft-Schranke   *medi-learn.de/6-histo2-5*

2.6 Gefäße

Man kann, nach Größe und Aufbau, folgende Gefäße voneinander unterscheiden:
- Arterie vom elastischen Typ (Aorta, z. T. auch noch Beginn der von ihr abgehenden Gefäße),
- Arterie vom muskulären Typ (hier gehören die meisten großen Arterien dazu),
- Arteriole,
- Kapillare,
- Venole,
- Vene und
- (Lymphgefäß).

> **Übrigens ...**
> Artherosklerose ist eine der häufigsten Todesursachen in industrialisierten Ländern – du solltest dich als Arzt also mit Gefäßen auskennen.
> Das Gefäßwachstum (Angiogenese) wird u. a. durch **VEGF** (vaskulärer endothelialer Wachstumsfaktor) angeregt. Dieses Wissen nutzt man z. T. in der **Klinik**: Man gibt gelegentlich VEGF-Antikörper in der Krebstherapie, z. B. Bevacizumab bei metastasiertem CRC (Colorektalem Karzinom), um Tumore zu verkleinern oder zum Absterben zu bringen.

2.7 Allgemeiner Aufbau der Gefäße

- **Intima** (Tunica interna): Sie besteht aus dem Endothel (einschichtiges Plattenepithel) und einer subendothelialen Schicht.
- **Media** (Tunica media): Sie besteht aus der Membrana elastica interna, glatter Muskulatur (zur Einstellung der Gefäßweite und der Wandspannung) sowie der Membrana elastica externa (enthält in der extrazellulären Matrix (EZM) elastische und kollagene Fasern und Proteoglykane).
- **Adventitia** (Tunica externa): Sie besteht aus Bindegewebe und den Vasa vasorum.

2.8 Arterien

Man unterscheidet folgende Arterien-Typen:
- **Elastische** Arterien (Windkesselfunktion): Zu ihnen gehören v. a. die Aorta und A. carotis.
- **Muskulöse** Arterien (Transport): beispielsweise A. radialis, A. femoralis ...
- **Arteriolen**: Sie finden sich präkapillär.

> **Merke!**
> Arterien sind „Widerstandsgefäße" zur Blutdruckregulation, daher haben sie eine relativ dicke Muskularis.

2.9 Venen

Sie sind viel „schlaffer" als Arterien, sie sind keine Druckgefäße sondern Volumenspeicher und haben daher (außer den Beinvenen) nur eine dünne Muskularis, was dazu führt, dass sie im Histo-Schnitt oft kollabiert sind.
Differenzialdiagnose im Histo-Präparat: Die Vene ist im Präparat oft kollabiert und weist eine dünne Wand auf, Venenklappen (Intimaduplikaturen) sind nicht immer zu finden. Die Arterie ist nicht kollabiert und hat eine dickere, „ruhigere" Media. Den Unterschied zwischen Arterie und Vene kannst du z. B. auf einer Abbildung der Glisson-Trias (s. Skript Histologie 3) sehen, ein Venen-Bild des IMPPs ist das IMPP-Bild 5, S. 50.

2.10 Kapillaren

Aufbau:
- Endothel (platter Kern)
- Basalmembran
- Teilweise von Perizyten (kontraktile Bindegewebszellen) bedeckt
- retikuläre Fasern

Kapillarfreie Gewebe:
Epithel, Knorpel (nicht: embryonaler Knorpel), Herzklappen, Zahnschmelz, Bandscheiben, Augenlinse ...

2 Lunge, Herz, Gefäße und Blut

Man unterscheidet, je nach Aufbau und Vorkommen, folgende Kapillartypen:
- Geschlossene Endothelschicht
  - Gehirn / Muskulatur / Lunge
- Gefenstertes Endothel **mit** Basalmembran
  - Nieren (Glomerula), Plexus Choroideus, Area postrema, in vielen endokrinen Geweben
- Gefenstertes Endothel **ohne** Basalmembran („diskontinuierlich")
  - Lebersinusoide, Milzsinus

2.11 Lymphgefäße

Lymphgefäße beginnen „blind" im Gewebe. Sie haben eine Innenwand aus platten Endothelzellen, keine Basalmembran und außen liegt Bindegewebe umhüllend auf. Größere Lymphgefäße haben auch einen dreischichtigen Wandbau wie Venen.

2.12 Blut

Das Blut hat eine Vielzahl von Aufgaben, die man im Mündlichen gerne erzählen darf:
Es dient
- der Sauerstoffversorgung,
- dem CO_2-Transport,
- dem Wärmetransport,
- der pH-Regulation,
- der hormonellen Kommunikation,
- der Immunabwehr und
- dem Transport von Elektrolyten, Nährstoffen und Abbaustoffen.

Nicht zuletzt enthält es Stoffe für seine Gerinnung.

Noch ein paar Fakten zum Blut, die du kennen solltest: Es ist eine Suspension aus Zellen und Plasma, das Blutvolumen beträgt 50–70 ml/kg KG, der Hämatokrit 0,4–0,5. Gefärbt wird es nach Pappenheim. Seine Vorläuferstufen stammen aus dem Knochenmark (pluripotente Stamzellen), der Name der Vorläuferzellen endet meist auf „-blasten" (Myeloblasten, etc.). Ein Schema dazu zeigt Abb. 6, S. 16.

Du solltest für das IMPP und das tägliche Leben als Arzt ungefähr wissen, wie häufig die einzelnen Zelltypen des Blutes vertreten sind. Für die Reihenfolge der Zellen von 1 %–70 % kannst du dir entweder einfach die Anfangsbuchstaben merken („BEMLN") oder von 70 %–1 % folgenden Merkspruch:

- **N**eutrophile 70 %   Never
- **L**ymphozyten 20 %   Let
- **M**onozyten 8 %   Monkeys
- **E**osinophile 4 %   Eat
- **B**asophile 1 %   Bananas

Die wichtigsten Highlights zu den einzelnen Blutzellen sind hier nur stichwortartig aufgeführt, da sie im schriftlichen Examen selten gefragt werden. Du solltest sie für das Mündliche (auch für die Physiologie) aber kennen:

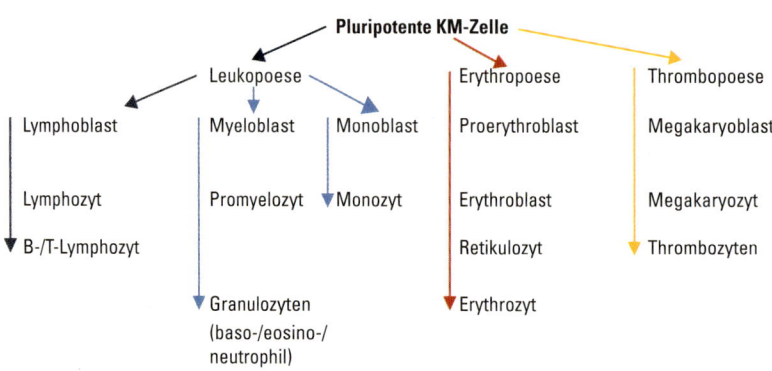

Abb. 6: Hämatopoese

medi-learn.de/6-histo2-6

2.12.1 Erythrozyten

- rote Blutzellen (wegen des Blutfarbstoffs Hämoglobin, bildet 95 % des Gesamtproteins)
- dienen der Sauerstoffversorgung des Körpers
- ca. 5 Millionen/µl Blut
- Durchmesser 7,5 µm
- Lebensdauer 120 Tage, Neubildung ca. 8 Tage, unreifer Vorläufer: Retikulozyt
- Blutmauserung in Milz und Leber
- Membranskelett reversibel verformbar (Proteine: Ankyrin, Spektrin, Aktin)
- kernlos, keine Mitochondrien, kein ER
- Klinik: Kugelzellanämie (Sphärozytose), Sichelzellanämie, ...

2.12.2 Thrombozyten

- ca. 150 000–300 000/µl Blut, 2–4 µm
- Vorläuferzelle im Knochenmark: **Megakaryozyt**, Abschnürung von der Mutterzelle, s. IMPP-Bild 6, S. 50.
- wichtig für die Homöostase
- Lebensdauer ca. **10** Tage
- Speichergranula (**ADP, Serotonin**)
- kontraktiles **Aktinnetz**, diverse Glykoproteine und Rezeptoren ermöglichen Adhäsion

2.12.3 Lymphozyten

- 15 % B-Lymphozyten,
- 75 % T-Lymphozyten,
- 10 % NK-Zellen
- **spezifische** Abwehrzellen
- große, runde, grobschollige Kerne, die fast die ganze Zelle ausfüllen
- Vorläufer: Lymphoblast
- 2 Hauptgruppen:
  - B-Zellen: Träger der humoralen Immunabwehr (Antikörper)
  - T-Zellen: Träger der zellvermittelten (zellulären) Immunabwehr
- ständige Rezirkulation an postkapillären Venolen
- 6–18 µm

2.12.4 Neutrophile Granulozyten

- Funktion: **unspezifische** Abwehr
- greifen vor allem **Bakterien** an
- 3-tägige Lebensdauer
- kleine Granula, kaum sichtbar
- gelappter Zellkern
- zur **Diapedese** befähigt
- kann toxische **Sauerstoffradikale** bilden!!! IMPP („respiratory burst")!
- kann **phagozytieren**
- produzieren wichtige Enzyme der Abwehr: **Lysozym, Elastase, lysosomale Enzyme**
- machen ca. 60 % der Leukozyten aus
- tote Granulozyten sind Bestandteil des Eiters

> **Übrigens ...**
> Neutropenie oder Agranulozytose können zu tödlichen Infektionen führen. Auslöser können auch einige Medikamente sein.

2.12.5 Eosinophile Granulozyten

- Funktion: **Wurmlarven-/ Parasitenbekämpfung**
- relativ große Granula mit **kristalloidem** Zentrum
- spielen in der Pathogenese von **Allergien** eine Rolle
- besitzen Rezeptoren für **IgE**-Antikörper
- können so IgE-beladene Parasiten binden und auf diese toxisch einwirken
- ca. 1–4 % der Leukozyten

2.12.6 Basophile Granulozyten

- Funktion: relativ unbekannt, auch mit allergischen Reaktionen assoziiert
- bizarr geformter Kern
- grobe Granula, **überdecken oft den Kern**
- Granula enthalten **Heparin** und **Histamin**
- machen weniger als 1 % der Leukozyten aus

2.12.7 Monozyten

- größte Leukozyten, 12–20 μm (alle anderen 12–15 μm)
- Kern nierenförmig gebuchtet (DD!)
- viele Lysosomen (Phagozytose!)
- Mitwirkung bei spezifischer und unspezifischer Abwehr (Phagozytose, Antigen-Präsentation, Zytokinfreisetzung, z. B. TNF-α, IL-1)
- sind keine „Endzellen", sondern verlassen nach einigen Tagen das Gefäßsystem und differenzieren zu Gewebs-Makrophagen.

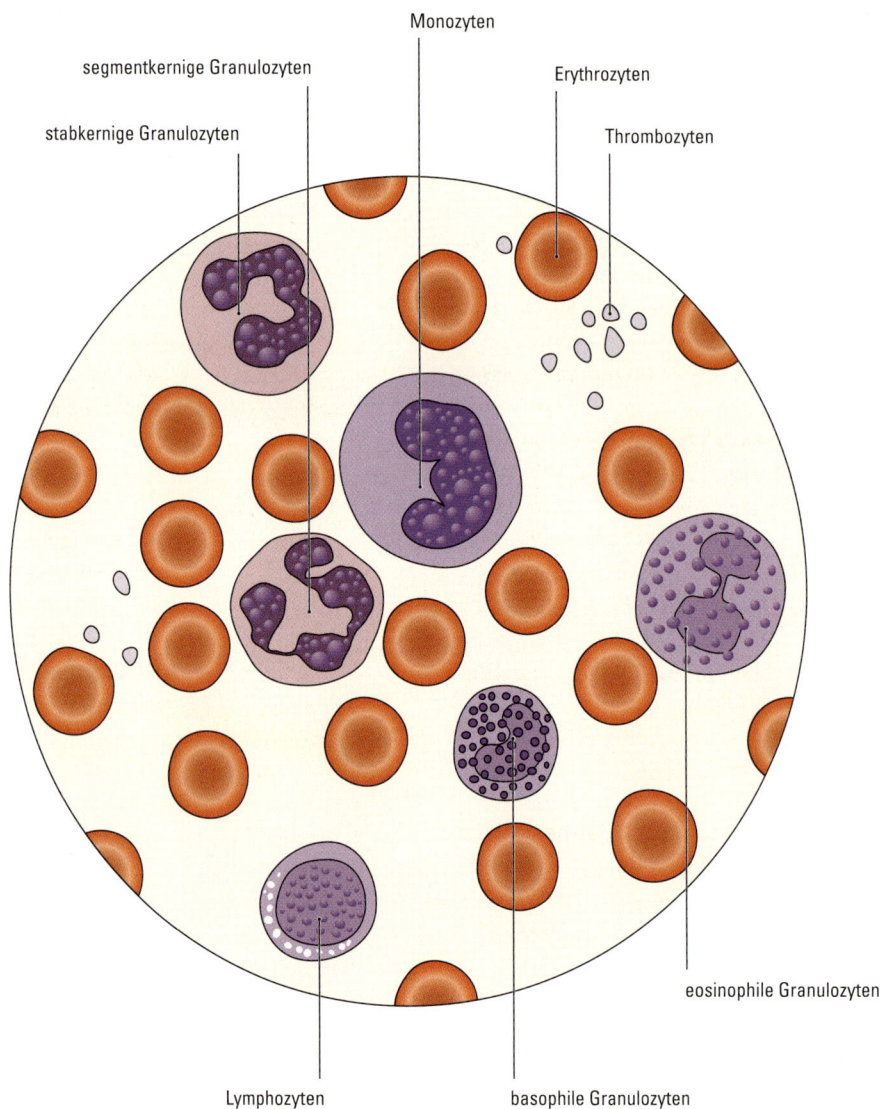

Abb. 7: Blutzellen im Mikroskop

medi-learn.de/6-histo2-7

DAS BRINGT PUNKTE

Zum Thema **Lunge** solltest du wissen, welche Zellen in mehrreihigem Flimmerepithel vorkommen:
- Kinozilientragende Zellen,
- Becherzellen,
- Clara-Zellen,
- Zellen des APUD-Systems.

Ein absoluter Dauerbrenner ist auch die Frage, ob gefensterte Kapillaren in der Lunge vorkommen. Das tun sie garantiert nicht, denn sonst hätten wir ein ständiges Lungenödem!
Außerdem wurde in den Fragen des schriftlichen Examens noch regelmäßig zur Diskussion gestellt, ob denn nun die Zellen der Ductus alveolares Kinozilien tragen oder nicht. Und auch hier lautet die Antwort: Nein, die Ductus alveolares haben KEINE Kinozilien.

Merken solltest du dir außerdem, dass
- Alveolarzellen vom Typ I zu 93 % an der Auskleidung der Alveolen beteiligt und miteinander durch Tight Junctions verbunden sind,
- elastische Fasern Wandbestandteile der Bronchioli respiratorii sind,
- die Alveolarzellen von Surfactant überzogen sind,
- der Surfactant von den Alveolarzellen Typ II hergestellt wird.

Fragen zum Thema Gefäßhistologie werden direkt zwar nicht so häufig gestellt. Zum Verständnis der unterschiedlichen Funktionen und Arbeitsweisen der verschiedenen Organe ist der Gefäßaufbau jedoch immens wichtig. Daher solltest du die folgenden **Kapillartypen** je nach Aufbau und Vorkommen unterscheiden können:
- Geschlossene Endothelschicht
  - Gehirn / Muskulatur / Lunge
- Gefenstertes Endothel **mit** Basalmembran
  - Nieren (Glomerula), Plexus Choroideus, Area postrema, in vielen endokrinen Geweben
- Gefenstertes Endothel **ohne** Basalmembran („diskontinuierlich")
  - Lebersinusoide, Milzsinus!!!!

Welche Kapillartypen wo vorkommen, fragt das IMPP sehr gerne!

Folgende Gewebe sind kapillarfrei: Epithel, Knorpel (nicht: embryonaler Knorpel), Herzklappen, Zahnschmelz, Bandscheiben, Augenlinse ...

FÜRS MÜNDLICHE

Nun lehne Dich kurz zurück, atme mal tief durch und los geht's mit den Fragen zum Thema Lunge, Atemwege und Gefäße.

1. **Woran erkennen Sie, dass es sich um respiratorisches Epithel handelt?**

2. **Erläutern Sie bitte, welche Zellen die Blut-Luft-Schranke bilden.**

3. **Beschreiben Sie bitte den Wandbau eines kleinen Bronchus.**

4. **Beschreiben Sie bitte die Unterschiede im Aufbau der Gefäßwände von Arterien und Venen.**

5. **Nennen Sie bitte die Orte, wo Sie gefensterte Endothelien und wo Sie hochendotheliale Venolen finden.**

FÜRS MÜNDLICHE

1. Woran erkennen Sie, dass es sich um respiratorisches Epithel handelt?
Respiratorisches Epithel
- ist mehrreihig,
- trägt Kinozilien,
- ist durchsetzt mit Becherzellen,
- in seiner Nähe findet sich Knorpelgewebe.

2. Erläutern Sie bitte, welche Zellen die Blut-Luft-Schranke bilden.
- Alveolarepithelzellen Typ I,
- Endothelzellen vom nicht gefensterten Typ,
- die gemeinsame Basalmembran.

3. Beschreiben Sie bitte den Wandbau eines kleinen Bronchus.
Wandbau von innen nach außen:
- Tunica mucosa,
- Tunica muscularis,
- Knorpelspangen.

4. Beschreiben Sie bitte die Unterschiede im Aufbau der Gefäßwände von Arterien und Venen.
Arterien sind elastische „Widerstandsgefäße" zur Blutdruckregulation, daher haben sie eine relativ dicke Muskularis.
Venen sind viel „schlaffer" als Arterien. Sie sind keine Druckgefäße, sondern Volumenspeicher und haben daher (außer den Beinvenen) nur eine dünne Muskularis. Das führt dazu, dass sie im histologischen Schnitt oft kollabiert sind.

5. Nennen Sie bitte die Orte, wo Sie gefensterte Endothelien und wo sie hochendotheliale Venolen finden.
Gefensterte Endothelien kann man in solche mit und ohne Basalmembran unterscheiden. Gefensterte Endothelien mit Basalmembran befinden sich in den Nieren (Glomerula), im Plexus Choroideus, in der Area postrema und in vielen endokrinen Geweben.
Gefensterte Endothelien ohne Basalmembran, also diskontinuierliches Endothel, findet man in den Gefäßen von Leber (Sinusoide) und Milz (Sinus).
Im Lymphknoten kann man hochendotheliale Venolen sehen.

Pause

Etwas längeres Päuschen – einmal Beine hoch und entspannen, bevor es mit dem lymphatischen Gewebe weitergeht.

Ihre Arbeitskraft ist Ihr Startkapital. Schützen Sie es!

DocD'or – intelligenter Berufsunfähigkeitsschutz für Medizinstudierende und junge Ärzte:

- Mehrfach ausgezeichneter Berufsunfähigkeitsschutz für Mediziner, empfohlen von den großen Berufsverbänden

- Stark reduzierte Beiträge, exklusiv für Berufseinsteiger und Verbandsmitglieder

- Versicherung der zuletzt ausgeübten bzw. der angestrebten Tätigkeit, kein Verweis in einen anderen Beruf

- Volle Leistung bereits ab 50 % Berufsunfähigkeit

- Inklusive Altersvorsorge mit vielen individuellen Gestaltungsmöglichkeiten

Lassen Sie sich beraten!

Nähere Informationen und unseren Repräsentanten vor Ort finden Sie im Internet unter www.aerzte-finanz.de

Standesgemäße Finanz- und Wirtschaftsberatung

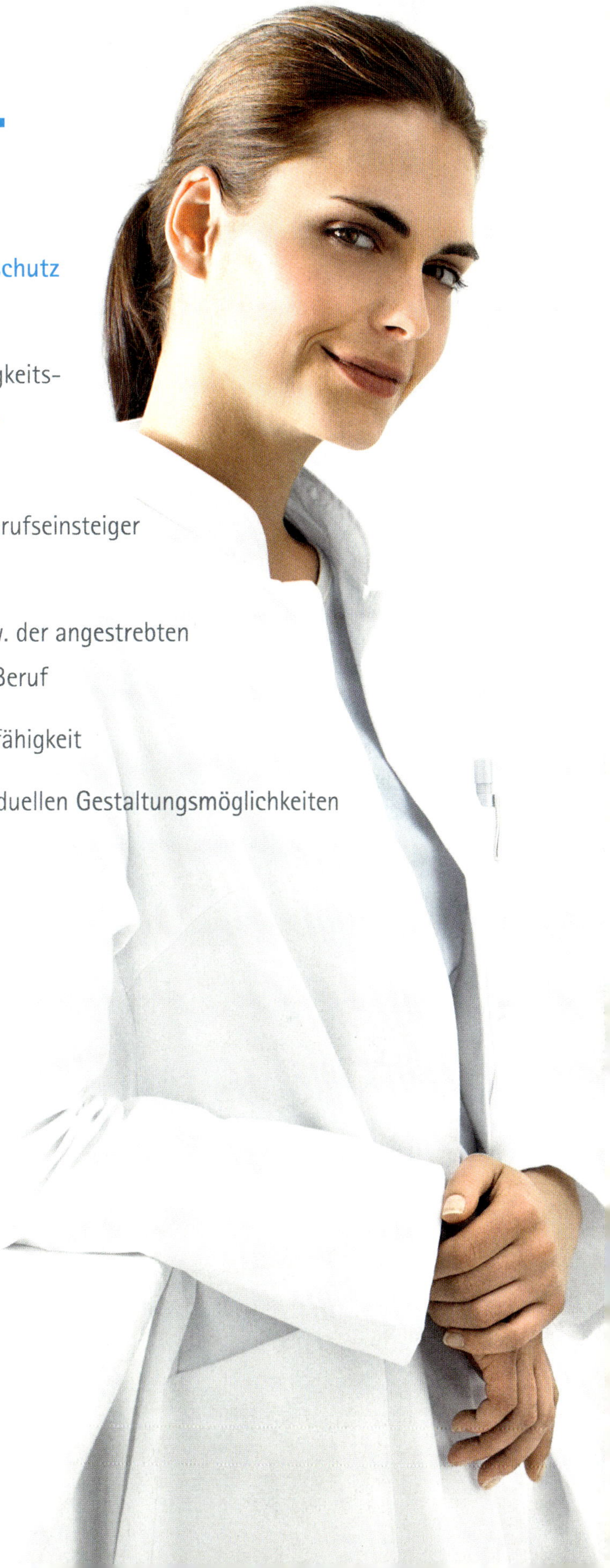

3 Lymphatisches Gewebe und Immunsystem

 Fragen in den letzten 10 Examen: 9

An dieser Stelle habe ich eine gute und eine schlechte Nachricht. Die schlechte ist: Wir sind undicht und verlieren ständig Flüssigkeit sowie Plasma aus unseren Gefäßen. Die gute ist: Wir haben ein Drainagesystem, das diese verlorene Flüssigkeit wieder in den Kreislauf zurückfließen lässt.

Dieses Drainagesystem wird von unseren Lymphgefäßen gebildet, die blind im Körper beginnen und dann immer weiter zusammenfließen, bis sie schließlich an die Venenwinkel des Halses ins Blutgefäßsystem münden. Wesentliche Stationen auf diesem Weg sind
- die **Lymphknoten**,
- die **Cisterna chyli**,
- der **Ductus thoracicus**.

Der Flüssigkeitsstrom der Lymphe ist schön langsam. Außerdem ist damit zu rechnen, dass im Laufe der Zeit ALLES Flüssige und JEDES in Flüssigkeit gelöste Teilchen durch diese Gefäße kommt. Kannst du dir also einen geeigneteren Raum vorstellen, um ausgiebig alles zu kontrollieren, was im Körper so auf Reisen ist? Wohl kaum ...

Aufgrund dieser idealen Bedingungen hat sich in dem Drainagesystem auch die körpereigene Fahndungsbehörde eingenistet, sprich unser Immunsystem in Form von **B-** und **T- Lymphozyten**, Makrophagen und einigen anderen spezialisierten Zellen.

Wir haben es hier also mit einer perfekten Symbiose zweier Systeme zu tun, die histologisch nicht immer voneinander zu trennen sind.

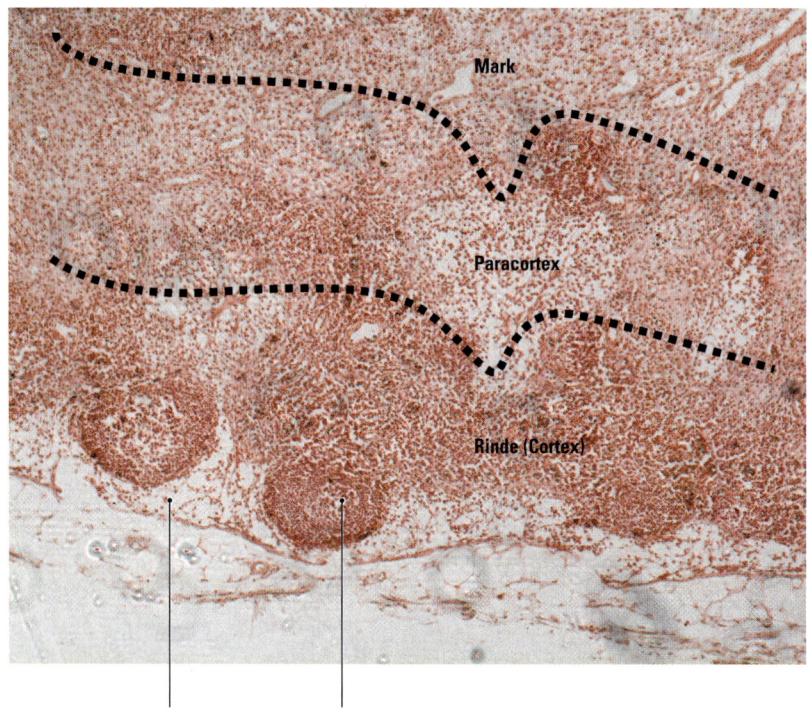

Abb. 8: Lymphknoten

medi-learn.de/6-histo2-8

3.1 Lymphknoten

Sehen wir uns mal an, wie so ein Checkpoint Charlie aufgebaut ist: Lymphknoten haben die Form einer Bohne, mit einer bindegewebigen Kapsel und einer kleinen Delle, an der die Gefäße rein und rausziehen – dem **Hilus**. Die Lymphgefäße ziehen von außen in die Kapsel und öffnen sich in einen schmalen **subkapsulären Spalt** – den **Randsinus**. Das Innere eines Lymphknotens wird durch Septen, die von der Kapsel kommen, in einzelne Räume unterteilt, in denen es sich die lymphatischen Zellen gemütlich machen. Grob lassen sich auch hier wieder mal eine **Rinde** und ein **Mark** unterscheiden (s. 3.2 Milz ab S. 24). Außerhalb der Rinde liegt der **Randsinus**, der die Lymphe über **Intermediärsinus** und **Marksinus** zum Zentrum des Knotens hin leitet. Hier nimmt ein einzelnes Gefäß die Lymphe auf und leitet sie durch den Hilus weiter.

In der Rinde sammeln sich die B-Zellen in Haufen, den Primärfollikeln. Diese Zellchen sind so etwas wie die Beamtenfraktion der Abwehrzellen: Sie sitzen in den Follikeln rum und warten, bis etwas passiert. Kommt es zu einer Immunreaktion, so verändern sich die B-Zellen und formen den Sekundärfollikel (s. Abb. 8, S. 22). Dabei vermehren sich die B-Zellen stark und manche von ihnen werden zu **Zentrozyten**. Außerdem finden sich **folliculäre dendritische Zellen** sowie **Makrophagen**.

> **Übrigens ...**
> B-Zellen haben ihren Namen daher, dass sie den Zellen sehr ähnlich sind, die man in der Bursa fabricii der Vögel gefunden hat, deren Abwehrorgan. Das „**B**" kommt also von **B**ursa.

Wichtig: Sekundärfollikel sind ein Zeichen für eine stattgefundene Immunreaktion. In ihnen befinden sich Zentrozyten, follikuläre dendritische Zellen und Makrophagen.
Lymphfollikel liegen solitär oder aggregiert vor, man kann mikroskopisch gut Primär- von Sekundärfollikeln unterscheiden:

- **Primärfollikel**: homogen, rund, noch kein Antigenkontakt
- **Sekundärfollikel**: Zentrum **hell**, Randwall **dunkel** (nach Antigen-Kontakt)
  - Keimzentrum: B-Zellen, Plasmazellen, (T-Lymphozyten), man sieht auch Retikulumzellen und Zentroblasten (deren Proliferation kann bei Infekten eine schmerzhafte Lymphknotenschwellung hervorrufen).
  - Antigen-präsentierende Zellen (APZ)
  - dunkle Farbe des Keimzentrums durch Proliferation, helle Farbe im Bereich der negativen Selektion
  - Randwall: undifferenzierte Lymphozyten, Makrophagen

Die T-Zellen halten sich eher verteilt in der **parakortikalen** Zone auf. Diese Zellen kommen gar nicht so richtig zur Ruhe. Erst müssen sie eine harte Ausbildung im **Thymus** durchmachen (s. Abb. 11, S. 26 und Abb. 12, S. 27), dann geht es auf Streife im Blutkreislauf und hin und wieder müssen sie auch noch auf dem Revier (den Lymphknoten) vorbeischauen. Dafür haben sie sogar einen gesonderten Eingang, nämlich die **HEV** (**hochendothelialen Venolen**, s. IMPP-Bild 7, S. 51 und IMPP-Bild 8, S. 51), die dementsprechend gehäuft in der **parakortikalen Zone** vorkommen. Verlassen müssen die T-Zellen den Lymphknoten jedoch – wie jede andere Zelle auch – über den Hilus. Und das, obwohl es etwas dauert, bis sie dann wieder im Blut unterwegs sein können. Als mobile Fahndungseinheiten müssen die T-Zellen ständig im Bilde sein, wer überhaupt gesucht wird. Daher sind sie darauf angewiesen, die entsprechenden **Antigene** präsentiert zu bekommen. Diese Aufgabe wird von den **interdigitierenden Zellen** wahrgenommen, die sich passenderweise gehäuft in den gleichen Regionen wie die T-Zellen aufhalten; nämlich parakortikal und entlang der Marksinus. Es muss eben alles im Vorbeigehen zu erfahren sein: keine Zeit, keine Zeit ...

3 Lymphatisches Gewebe & Immunsystem

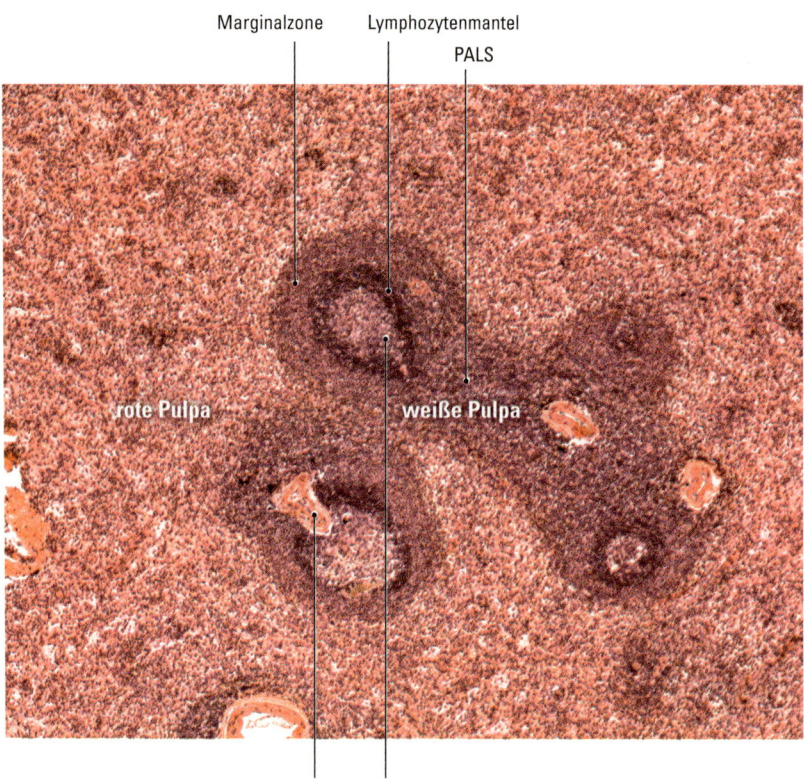

Abb. 9: Milz

> **Merke!**
>
> – Postkapilläre = hochendotheliale Venolen (HEV) sind typisch für Lymphknoten. Sie beteiligen sich an der Lymphozytenzirkulation, können Makrophagen enthalten und sind postkapillär sowie in der parakortikalen Zone zu finden.
> – Interdigitierende Zellen (Langerhans-Zellen) können Antigene präsentieren. Sie befinden sich parakortikal und entlang der Marksinus.

Alles weitere zur Immunantwort und Reaktionsbildung erfährst du in Skript Biochemie 6.

3.2 Milz

Die Milz ist so etwas wie unser größter Lymphknoten. Eine der Besonderheiten dieses Megaknotens ist, dass er in den großen Blutkreislauf eingebaut ist: Die Milz übernimmt also ähnliche Aufgaben wie ein Lymphknoten, filtert aber Blut statt Lymphe. Durch die starke Aufzweigung ihrer Arterien bis zu den **Pinselarterien** und der Tatsache, dass sich die Erythrozyten durch das retikuläre Bindegewebe ihren Weg zu den **Trabekelgefäßen** suchen müssen, herrscht auch in der Milz ein sehr langsamer Flüssigkeitsstrom. Sie hat ebenfalls Bohnenform und einen Hilus, über den Gefäße ein- und austreten. Dabei ist die Milz aber wesentlich größer als ein Lymphknoten (Merke: 4711 für 4 mal 7 mal 11 cm) und liegt intraperitoneal, d. h. sie ist von Serosa überzogen. Außerdem hat sie noch eine Bindegewebskapsel, die ihrem weichen Parenchym Form und Halt gibt. Von dieser Kapsel ziehen – ähnlich wie bei den Lymphknoten – Trabekel in Richtung Hilus, die die Trabekelgefäße enthalten.

3.2 Milz

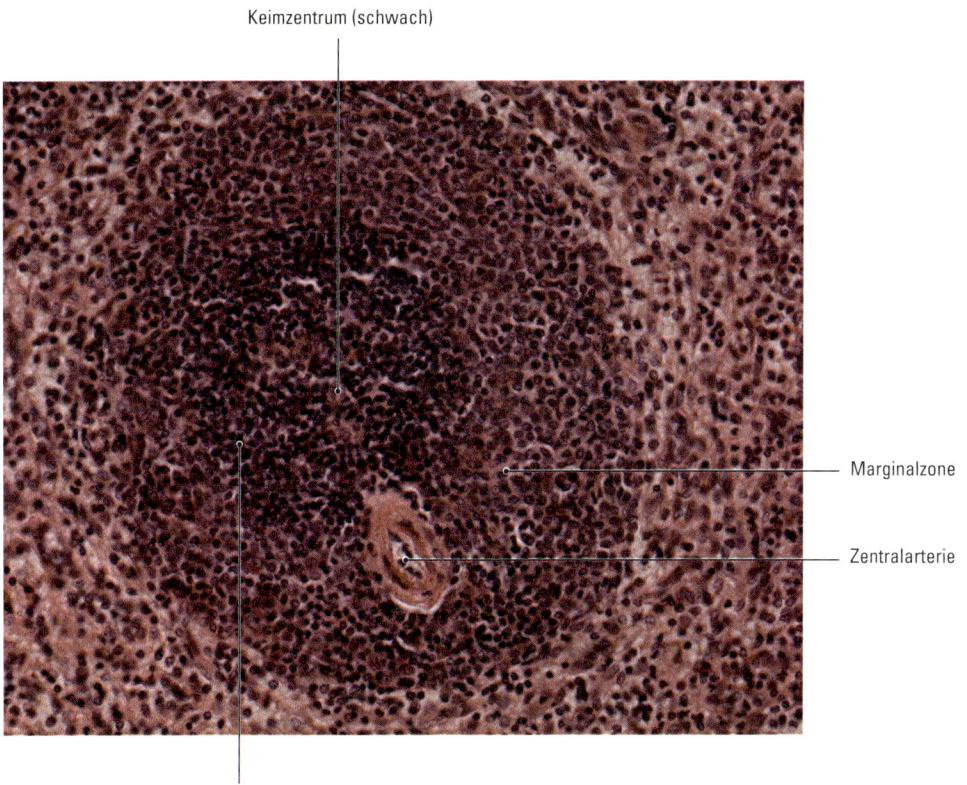

Abb. 10: Milzfollikel

Zwischen den Trabekeln bildet **retikuläres Bindegewebe** die Matrix. Diese **rote Pulpa**, in der sich viele Blutgefäße und Erythrozyten befinden, stellt den Großteil des Milzgewebes. Hier findet man auch Makrophagen, die die alternden Erythrozyten nach 100–120 Tagen phagozytieren (Blutmauserung). Die Endothelzellen des Milzsinus in der roten Pulpa bezeichnet man auch als **Uferzellen**. Die größeren **Pulpagefäße** sind dicht umgeben von **B-Lymphozyten**, die Follikelbildung zeigen können und als **weiße Pulpa** bezeichnet werden.

Merke!

- Die weiße Pulpa der Milz kann Follikelbildung zeigen. Sie wird gebildet von B-Lymphozyten (s. Abb. 9, S. 24).
- Da das Blut bei Erstellung eines normalen histologischen Präparates ausgewaschen wird, sieht die rote Pulpa im Präparat heller als die weiße Pulpa aus.
- Die Lymphfollikel in der Milz bezeichnet man auch als **Malpighi-Körperchen**. Dabei handelt es sich um kugelförmige Kolonien von B-Lymphozyten, die sich dort differenzieren und vermehren.

Der intralienale Blutfluss (gerne mal im Mündlichen gefragt) sieht folgendermaßen aus:
Aus der A. lienalis fließt das Blut in die Trabekelarterien, dann über die Zentralarterien, Pulpaarterien, Pinselarteriolen und Hülsenkapillaren in die Sinusoide, Pulpavenen und Trabekelvenen. Um die Trabekelarterien liegt die PALS (**p**eriarterielle **L**ymphozyten**s**cheide). Sie ist Teil der weißen Milzpulpa. Die Zentralarterie zieht ins Malpighi-Körperchen.

3 Lymphatisches Gewebe & Immunsystem

Auch die Unterscheidung in offenen und geschlossenen Milzkreislauf ist wichtig:
Im offenen (langsamen) Kreislauf fließen ca. 10 % des Blutes. Die Pinselarteriolen geben ihr Blut in die Spalträume zwischen den Retikulumzellen ab. Erst von dort gelangt es in die Sinusoide. Die Spalträume dienen dabei als Filter für die Blutmauserung.
Im geschlossenen Kreislauf fließen ca. 90 % des Blutes. Hier münden die Kapillaren direkt in die Milzsinusoide (keine Filterfunktion).

3.3 Thymus

Die Thymusdrüse liegt retrosternal. Sie ist im Kindesalter sehr gut differenziert und hoch aktiv. Etwa ab der Pubertät setzt jedoch die Involution ein, was bedeutet, dass die Drüse in Altersteilzeit geht. Dadurch verliert sich das meiste Gewebe und wird durch Fettzellen ersetzt. Bei den Leichen im Präpariersaal findet man daher meist nur noch einen retrosternalen Fettkörper.

Der Thymus ist ein primäres Immunorgan. Seine zentrale Aufgabe ist die **T-Zellreifung**. Durch **genetische Rekombination** entstehen unzählige T-Zellen, die alle voneinander verschieden sind. Jede Zelle verfügt über Oberflächenmoleküle, die sie für ein einzigartiges Antigen spezialisieren – es handelt sich also um hochspezialisierte Einsatzkräfte. Bevor sie jedoch in Dienst genommen werden können, muss vom Körper sichergestellt werden, dass sie nicht auf körpereigene Antigene losgehen. Diese Aufgabe erfüllt der Thymus, in dessen Rindenbereichen die **Ammenzellen** sitzen, die sich der jungen T-Zellen annehmen und die Querschläger aussondern (s. IMPP-Bild 9, S. 52 im Anhang). Zum Aufräumen hat der Thymus die **Makrophagen**.

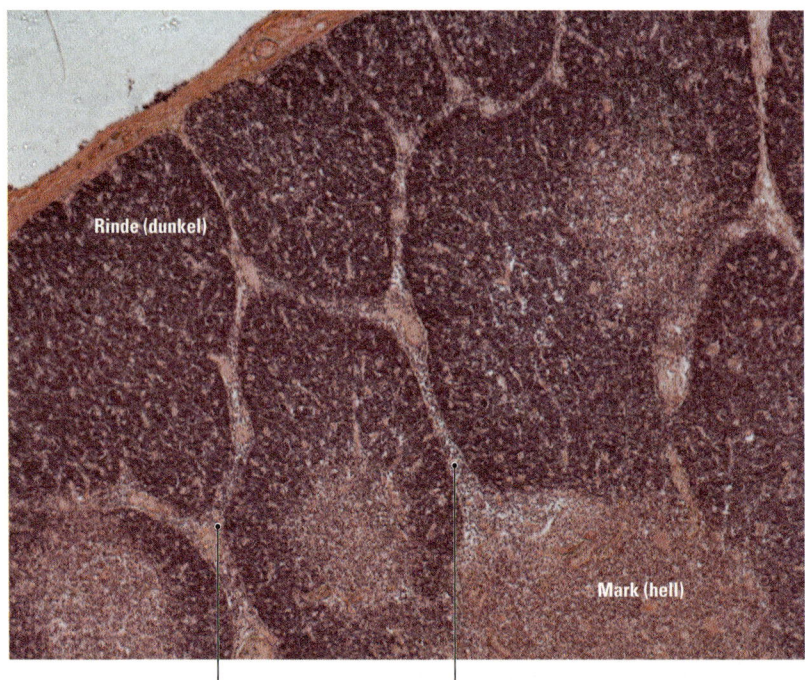

Abb. 11: Thymus jung medi-learn.de/6-histo2-11

3.4 Tonsillen

Übrigens ...
Bei manchen Krankheiten (z. B. Morbus Hodgkin = einer Form von Lymphdrüsenkrebs) kann es zu einer Art Reaktivierung des Thymus kommen. Mit einer CT- Aufnahme lässt sich der vergrößerte Thymus darstellen.

Histologisch lassen sich am Thymus einzelne Läppchen unterscheiden, die durch Bindegewebe und Fettzellen abgegrenzt sind. Je mehr Fett zu sehen ist (große ausgewaschene Löcher), desto länger war der Thymus schon in Altersteilzeit. Das einzelne Läppchen kann dann wieder in Rinde und Mark eingeteilt werden.

Merke!
- Im Mark befinden sich die Hassall-Körperchen, die die Diagnose Thymus sichern.
- Die **T**-Zellen haben ihren Namen vom **T**hymus.

- Im Thymus findet man T-Zellen, Makrophagen und Epithelzellen.

Da der Thymus embryologisch betrachtet aus dem Ektoderm stammt (= epetheliale Herkunft des Thymus), enthält er als einziges lymphatisches Organ kein retikuläres Bindegewebe.

3.4 Tonsillen

Die Tonsillen im Bereich des Pharynx bilden den Waldeyer-Rachenring und somit die erste Station der enterischen Abwehr. Da sie in den letzten Examina zunehmend von Interesse waren, hier ein paar wichtige Fakten dazu: Im Schnittbild erinnern Tonsillen zuerst an Lymphknoten, es lassen sich Follikel und Reaktionszentren erkennen. Daneben findet man aber auch Einziehungen oberflächlichen Epithels, die Krypten. Entlang dieser Krypten sammeln sich besonders viele Lymphzellen,

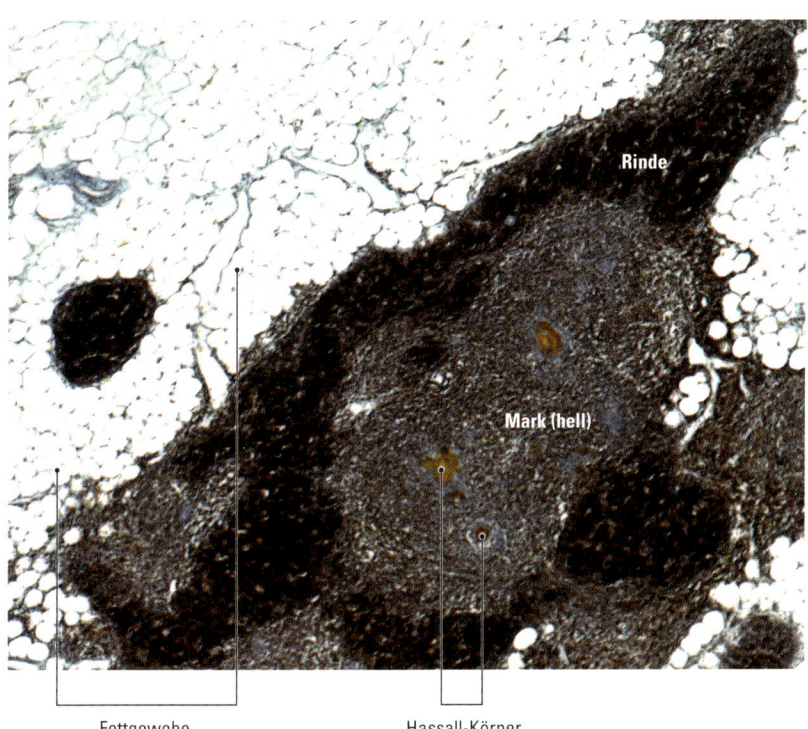

Abb. 12: Thymus alt

da hier der „Feindkontakt" stattfindet. D. h. im Bereich der Krypten erfolgen Antigenaufnahme und -prozessierung durch Antigen-präsentierende Zellen.

Für die spezielle Histologie ist es außerdem noch wichtig, die Herkunft der Tonsille bestimmen zu können. Um die einzelnen Tonsillentypen voneinander zu unterscheiden, schaust du dir einfach das Epithel der Krypten genau an:

- Die Tonsilla palatina hat ein mehrschichtig unverhorntes Plattenepithel, da sie ja im Mund-/Rachenraum liegt.
- Die Tonsilla pharyngea hat respiratorisches Epithel mit Becherzellen, da sie sich im luftführenden Raum befindet.
- Die Tonsilla lingualis hat wieder mehrschichtig unverhorntes Plattenepithel. Im Unterschied zur Tonsilla palatina sind die Krypten jedoch breiter und enthalten häufig Ausgänge von Drüsen.

DAS BRINGT PUNKTE

Wie immer ist es das Kleinvieh, das den (Physikums-)Mist macht. Daher steht auch nicht die körperliche Integrität, sondern die letzten Forschungsergebnisse im Vordergrund des Examens. Zu den **Lymphknoten** solltest du dir Folgendes merken:
- Lymphknoten haben eine Kapsel und sind aus retikulärem Bindegewebe aufgebaut.
- Sie haben einen Randsinus, der sich in Form von Marksträngen zum Hilus hin fortsetzt.
- Im Parenchym der Lymphknoten finden sich die üblichen B- und T-Zellen.
- Außerdem gibt es Makrophagen und dendritische Zellen als Antigen-präsentierende Einheiten.
- Sekundärfollikel sind ein Zeichen für eine abgelaufene Immunreaktion. In ihnen finden sich Zentrozyten, follikuläre dendritische Zellen und Makrophagen.
- Die hochendothelialen Venolen beteiligen sich an der Lymphozytenzirkulation. Sie sind postkapillär und in der parakortikalen Zone des Lymphknotens zu finden. Durch sie dringen T-Zellen in die Lymphknoten ein.
- T-Zellen verlassen die Lymphknoten nur über den Lymphabfluss.
- Eine periarterielle Lymphozytenscheide kommt in der Milz vor.

Für ein Organ, in dem so wichtige Prozesse wie die Reifung der zellulären Abwehr stattfinden, wird zum **Thymus** wohl wenig geforscht. Auf jeden Fall kommen nur wenige Fragen zu diesem Thema im Examen dran. Enorm praktisch ist außerdem die Tatsache, dass es wohl nur zwei Bilder von diesem Organ gibt (s. Abb. 11, S. 26 und Abb. 12, S. 27). Die solltest du dir gut einprägen und zusätzlich noch wissen, dass
- man im Thymus T-Zellen, Makrophagen und Epithelzellen findet.
- die „Involution" mit einer Verfettung einhergeht.

FÜRS MÜNDLICHE

Ob alleine oder in der Lerngruppe: Teste nun dein Wissen mit den Fragen aus unserer Prüfungsprotokoll-Datenbank.

1. **Nennen Sie die Aufgabe der Lymphknoten.**

2. **Beschreiben Sie bitte den Aufbau eines Lymphknotens.**

3. **Wo münden Ihrer Meinung nach die großen Lymphgefäße?**

4. **Woran erkennen Sie die Milz?**

5. **Nennen Sie die Aufgabe des Thymus.**

---

1. Nennen Sie die Aufgabe der Lymphknoten.
Sie sind Filterstationen des lymphatischen Abflusses. In ihnen findet häufig der erste Kontakt des Immunsystems mit einem Fremdorganismus statt.

2. Beschreiben Sie bitte den Aufbau eines Lymphknotens.
- Kapsel,
- Randsinus,
- Rindenzone mit Lymphfollikeln (primär oder sekundär),

FÜRS MÜNDLICHE

– Mark mit den Gefäßen, die am Hilus den Lymphknoten verlassen.

3. Wo münden Ihrer Meinung nach die großen Lymphgefäße?
– Ductus thoracicus dexter im rechten Venenwinkel,
– Ductus thoracicus sinister im linken Venenwinkel.

4. Woran erkennen Sie die Milz?
– Bindegewebe als Septen, in denen die Trabekelgefäße zu finden sind,
– lockeres Gewebe (rote Pulpa), in dem Gefäße mit dichterem Gewebe umgeben sind (weiße Pulpa), darin können Lymphfollikel zu sehen sein.

5. Nennen Sie die Aufgabe des Thymus.
– T-Zellreifung,
– Aussondern von T-Zellen, die körpereigenes Gewebe angreifen würden.

Mehr Cartoons unter www.medi-learn.de/cartoons

Pause

Kurze Pause – du solltest jetzt noch mal kurz die ableitenden Harnwege entlasten!
Dann geht's auf zum letzten Kapitel!

4 Zentrales Nervensystem, Auge und Ohr

Fragen in den letzten 10 Examen: 10

Die wichtigste Voraussetzung für unser Überleben ist die Möglichkeit, unsere Umwelt wahrzunehmen, diese Wahrnehmung zu verarbeiten und angemessen darauf zu reagieren. Das Organ, das diese Funktionen integriert, ist unser Gehirn.

Funktionell lassen sich hier neuronale Afferenzen (zum ZNS hin) und Efferenzen (vom ZNS weg) von integrativen Prozessen (z. B. zwischen linker und rechter Hemisphäre) unterscheiden. Anatomisch gliedert sich das ZNS grob in
- **Großhirn**,
- **Kleinhirn**,
- **Hirnstamm**,
- **Rückenmark**.

4.1 Afferenzen

Als erstes werden zwei spezielle Organe besprochen, die einen wichtigen Beitrag zu unserer Orientierung im Raum und in einer sozialen Gruppe leisten: das **Auge** und das **Ohr**. Weitere wichtige Afferenzen kommen von der Haut (die kleinen Organe dafür hast du schon kennen gelernt, s. 1.3, S. 5) und aus der **Muskulatur** (z. B. Muskelspindeln).

4.1.1 Auge

Das Auge gliedert sich in einen optischen und einen neurorezeptiven Anteil (die Retina, s. Abb. 13, S. 32). Der optische Apparat besteht aus **Hornhaut**, **Kammerwasser**, **Linse** und **Glaskörper**. Die wichtigsten Anforderungen an ihn sind, dass er durchsichtig bleibt und sich mittels der **Zonulafasern** und des **Musculus ciliaris** an verschiedene Entfernungen adaptieren kann. Die Brechkraft des Auges (s. Skript Physiologie 3) wird im Wesentlichen von zwei Ebenen bestimmt: von der Grenze zwischen Luft und Hornhaut und von der Grenze zwischen Kammerwasser und Linse.

Für die schriftliche Prüfung sind glücklicherweise histologisch nur die Hornhaut und die Retina von Interesse.

Hornhaut (Cornea)

Die Cornea besteht aus einer dichten Schicht **kollagenen Bindegewebes** (s. IMPP-Bild 10, S. 52), die von zwei Membranen begrenzt wird:
- durch die **Membrana limitans anterior** (= **Bowman-Membran**) nach vorn und
- durch die **Membrana limitans posterior** (= **Descemet-Membran**) nach hinten.

Diesen Grenzschichten liegen Epithelien auf:
- nach vorne das vordere **Hornhautepithel** (grenzt an die frische Luft) und
- nach innen das **Hornhautendothel** (grenzt an das Kammerwasser).

> **Merke!**
>
> Die Bowman-Membran liegt vorne, die Descemet-Membran hinten. Das vordere Hornhautepithel lässt sich nochmals unterteilen in
> - Basal-,
> - Intermediär- und
> - Superfizialzellen.

Linse

Die Linse entwickelt sich aus einem **ektodermalen Kern**, dessen Entstehung durch einen aussprossenden Teil des Diencephalons induziert wird (wird später zu Retina und Sehnerv). Sie liegt in einer Tasche aus einschichtigem Epithel, dem **Linsenepithel**, aus dem die **Linsenfasern** hervorgehen, die die Linse selbst aufbauen. Diese Fasern ordnen sich so zusammen, dass sie einen **Stern** ergeben.

4 Zentrales Nervensystem, Auge und Ohr

Übrigens …
- Da bei Säuglingen die Linse noch nicht voll entwickelt ist, sondern noch wächst, haben diese einen vorderen und einen hinteren Linsenstern.
- Beim Marfan-Syndrom liegt eine Mutation/Deletion des Proteins Fibrillin-1 vor, welches u. a. die Zonulafasern bildet. Betroffene neigen daher zu Linsenluxationen.

Ein Bild zur Linse gab es bisher im Schriftlichen noch nicht.

> **Merke!**
>
> Die Linsenfasern gehen aus dem Linsenepithel hervor.

Retina

Den **neurorezeptiven** Anteil des Auges bildet die Retina. Da sie ein Fortsatz des **Diencephalons** (Zwischenhirns, s. Skript Anatomie 3) ist, werden die Myelinscheiden des Nervus opticus von **Oligodendrozyten** gebildet.

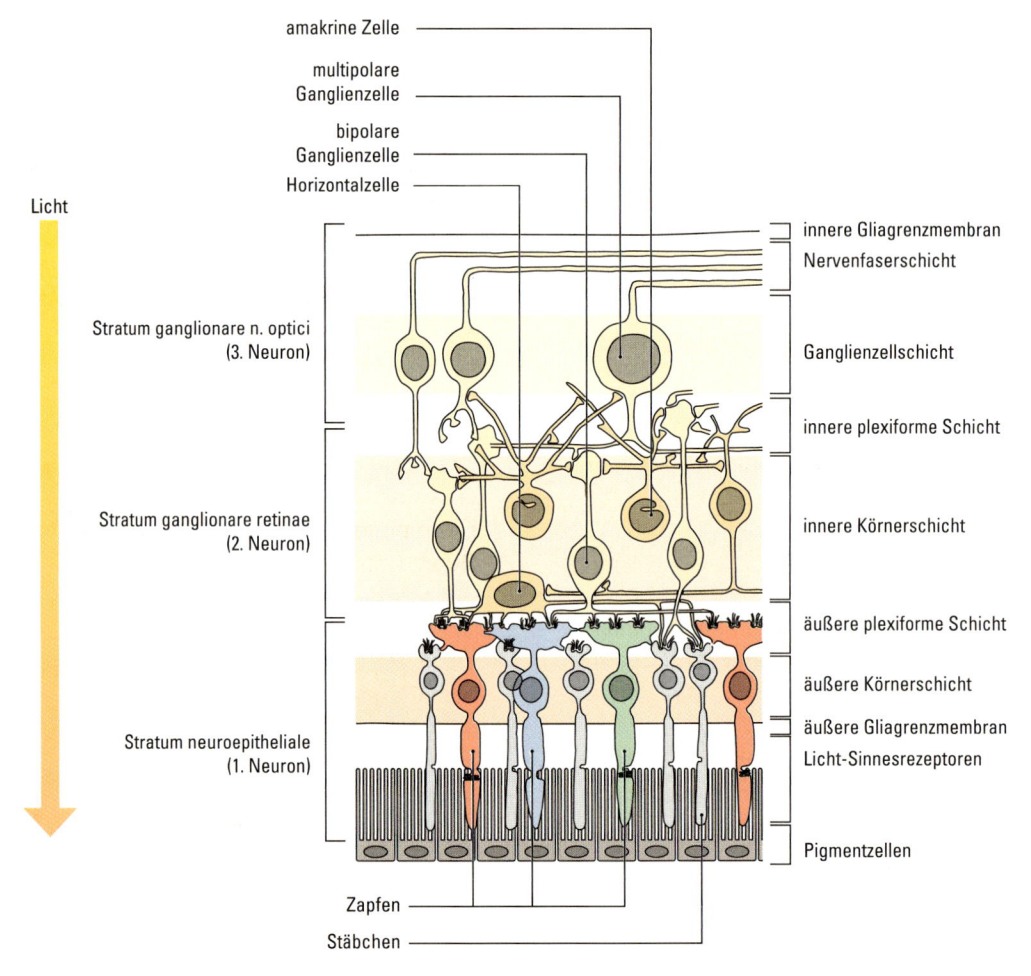

Abb. 13: Retinaschichten

medi-learn.de/6-histo2-13

4.1.1 Auge

> **Merke!**
>
> Die Myelinscheiden des N. opticus werden von Oligodendrogliazellen gebildet. Sie finden sich erst im Sehnerv, NICHT schon in der Retina.

Die Netzhaut zeigt einen vielschichtigen Aufbau. Für die schriftliche Prüfung sind jedoch nur ein paar dieser Schichten relevant:

Pigmentepithel: Diese Zellen bilden die äußerste Schicht der Retina und liegen direkt der Choroidea nach außen hin an. Ihre Zellfortsätze schieben sich zwischen die Zapfen und Stäbchen der **Rezeptorschicht** (nächste Schicht). Durch Lichteinwirkung werden von den Rezeptorenden Teile abgestoßen, die dann von den Zellen des Pigmentepithels phagozytiert werden.

> **Merke!**
>
> Die abgenutzten Außengliedabschnitte der Rezeptorzellen werden vom Pigmentepithel phagozytiert. Diese regenerieren auch das Retinal.

Übrigens ...
Die Hell- und Dunkeladaptation geschieht dadurch, dass sich die Pigmentepithelzellen mehr (hell) oder weniger (dunkel) zwischen die Rezeptorenden schieben. Auf diese Weise wird mehr oder weniger Streulicht aufgefangen. Darum dauert es auch so lange, bis wir uns an das Sehen in wirklicher Dunkelheit gewöhnen. Zellen bewegen sich amöboid und daher relativ langsam (mehr dazu s. Skript Physiologie 3).

Ganglienzellschicht: Am entgegengesetzten Ende, fast ganz innen, liegt die Ganglienzellschicht (weiter innen liegen nur das Stratum limitans internum und das Stratum neurofibrorum, in dem die Nervenfasern verlaufen), deren Name schon für sich spricht: Hier liegen nämlich die Perikarien der Nervenzellen, die den Sehnerv bilden. Es handelt sich dabei um das **dritte Neuron**. Das **erste Neuron** liegt in der äußeren Körnerschicht und gehört zum **Rezeptor** (Stäbchen und Zapfen), das **zweite Neuron** liegt in der inneren Körnerschicht und gehört zu einer der **Bipolarzellen** (s. Tab. 1, S. 34).

Dort, wo der Sehnerv das Auge verlässt, haben wir keine Rezeptoren und daher einen blinden Fleck. Diesen kann man als **Discus nervi optici** am Augenhintergrund erkennen.
An dieser Stelle treten der Sehnerv aus und **Gefäße** ein. Diese verzweigen sich in **vier Hauptäste** – für jeden Quadranten einen Ast. An einer Stelle der Retina haben wir nur Zapfen und die Ganglien der ableitenden Neurone sind zur Seite verlagert. Dadurch entsteht der Punkt des schärfsten Sehens, die Fovea centralis, die man am Augenhintergrund als Macula lutea erkennen kann.
Hier „leistet" sich das Auge eine 1:1 Verschaltung der Neurone (an den übrigen Stellen der Retina werden mehrere Sinneszellen durch die Verschaltung zusammengefasst, da der N. opticus sonst einen Durchmesser von ca. 1 m hätte). Da hier jedoch die Zellen (bzw. deren Zellkörper) fehlen, die mehrere Sinneszellen zusammenfassen, erscheint die Fovea centralis als leichte Einbuchtung.

Bei so vielen Schichten und Funktionen ist mal wieder eine Zusammenfassung angesagt (s. Tab. 1, S. 34).

4 Zentrales Nervensystem, Auge und Ohr

Netzhaut-schicht	Zellarten	Funktionen + Besonderheiten
Membrana limitans interna	– Gliazellen – Kollagenfasern – Proteoglycoside	Basal- und Plasmamembran
Stratum neurofibrorum	keine, enthält Axone der Gliazellen	wird sie z. B. durch ein Glaukom geschädigt, führt dies zu irreversibler Erblindung
Ganglienzellschicht (innen)	Perikarien **3. Neuron**	– Afferenzweiterleitung – Bildung N. opticus
innere plexiforme Schicht		Axone und Synapsen
innere Körner-schicht	– Bipolarzellen **2. Neuron** – Horizontalzellen	– erste Verschaltung der Afferenzen – Kontrastverstärkung
äußere plexiforme Schicht	Verschaltung der Dendriten der Bipolar- und Horizontalzellen mit den synaptischen Enden der Photorezeptoren	erste Stufe der Informationsverarbeitung
äußere Körner-schicht	Perikarien der Rezeptoren **1. Neuron**	
Membrana limitans externa	keine	äußerer Abschluss, undurchlässig, außer an den Öffnungen für die Rezeptoren
Rezeptorschicht	Zapfen und Stäbchen (Fortsätze der Photorezeptoren)	Reaktion auf Licht
Pigmentepithel (außen)		– Phagozytose von Rezeptorenden – Bildung Blut-Retina-Schranke

Tab. 1: Schichten der Retina von INNEN nach AUSSEN

> **Merke!**
>
> Bei der Fovea centralis sind die Ganglienzellen zur Seite verlagert, was im histologischen Schnitt zu erkennen ist.

> **Merke!**
>
> – Endolymphe ähnelt der intrazellulären Flüssigkeit – ist also kaliumreich.
> – Perilymphe ähnelt eher der Extrazellulärflüssigkeit – ist also reicher an Natrium.

4.1.2 Ohr

Für die histologischen Fragen ist glücklicherweise nur das Innenohr von Interesse. Es liegt in der Felsenbeinpyramide des Os temporale und enthält das Hörorgan sowie die Gleichgewichtsorgane. Diese Organe schwimmen als häutige – mit Endolymphe gefüllte – Strukturen in einem mit Perilymphe gefüllten Raum.

Labyrinth

Das Gleichgewichtsorgan setzt sich aus drei Bogengängen sowie den zwei kleinen Höhlen Sacculus und Utriculus zusammen. Die Messgeräte (Haarzellen) sitzen hier inmitten kleinster Tröpfchen von Gallertmasse, bei deren Bewegung sie dann passiv mitbewegt werden. Sie produzieren ein Dauersignal an elektrischen Erregungen, das über den Nervus vestibularis abgeleitet wird. Durch Lageveränderung der Stereozilien vom Kinozilium weg wird die Frequenz des Signals verlangsamt (= Hemmung), bei Bewegung auf das Kinozilium zu nimmt auch die Frequenz zu (= Erregung). Damit ist erreicht, dass es nicht nur EIN und AUS gibt, sondern ein Stärker und Schwächer, wodurch die Messungen unseres Gleichgewichtsorgans wesentlich feiner werden.

Sacculus und **Utriculus** beherbergen die Sinnesorgane für **lineare Beschleunigungen** wie z. B. die Schwerkraft. So eine Vorrichtung heißt **Macula statica**, was bedeutet, dass der Gallertmasse noch kleine Kristalle zur Trägheitsvergrößerung aufliegen.

Die **drei Bogengänge** dienen der Messung von **Winkelgeschwindigkeiten** – also von Drehbewegungen in allen drei Dimensionen des Raumes. Für jede Achse eines 3D-Koordinatensystems existiert ein Bogengang. Das Messgerät heißt in diesem Fall **Cupula** und befindet sich in einer Auftreibung des Bogengangs – der **Ampulla**. Dreht sich der Kopf und somit der Bogengang, folgt die Endolymphe aufgrund ihrer Trägheit nur zeitverzögert. Da die Cupula jedoch fest angewachsen ist, wird sie passiv (in die Gegenrichtung) ausgelenkt. Das ist ähnlich wie bei einem Eimer Wasser, den man an seinem Henkel so schnell dreht, dass der darin schwimmende Putzlappen nicht mitkommt.

> **Merke!**
>
> In Sacculus und Utriculus befindet sich jeweils eine Macula statica. Hier werden lineare Bewegungen registriert.

Cochlea

Das Hörorgan gleicht durch seinen gewundenen Gang einer Schnecke (Cochlea). Auch hier lassen sich zwei mit **Perilymphe** gefüllte Räume – die **Scala vestibuli** und die **Scala tympani** – von einem Gang mit **Endolymphe** – dem **Ductus cochlearis** (Scala media) – abgrenzen. In der Wand dieses Gangs gibt es spezialisierte Zellen, die die **Endolymphe** produzieren.

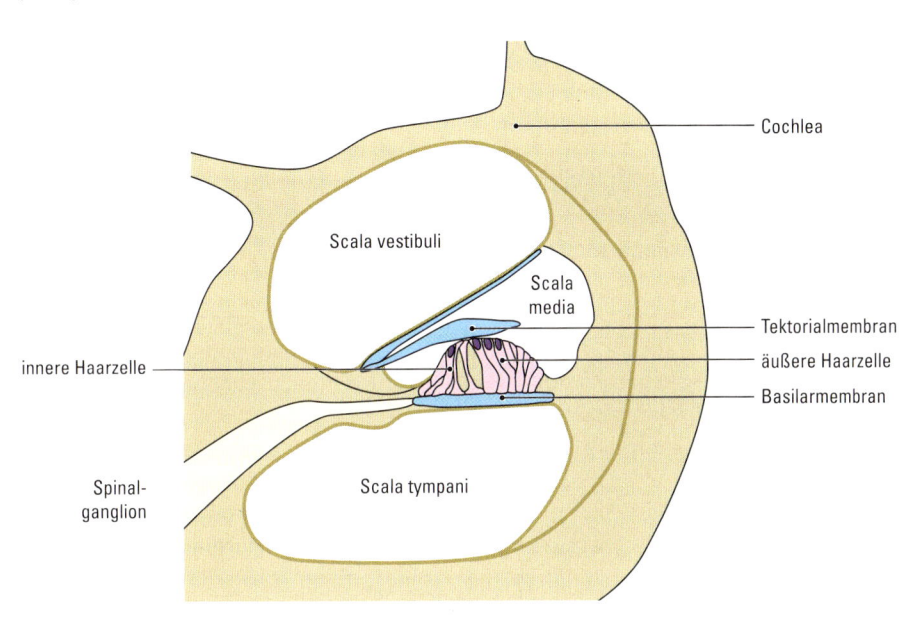

Abb. 14: Cochlea

Da dieses Areal gut durchblutet ist, heißt es **Stria vascularis**. Die Perilymphräume dienen hauptsächlich der Pufferung zu heftiger Bewegungen. Sie sind am **Helicotrema** – der Schneckenspitze – miteinander verbunden.
Der eigentliche Hörvorgang erfolgt durch das Corti-Organ im Ductus cochlearis.

Corti-Organ: Hierbei handelt es sich um Haarzellen, die der Basilarmembran aufsitzen und die in innere sowie äußere Haarzellen untergliedert werden. Das eigentliche Sinnesorgan ist also die Haarzelle, die an ihrer Oberseite mit zahlreichen Stereozilien besetzt ist. Werden diese Stereozilien ausgelenkt, so erzeugen die Haarzellen ein Aktionspotential im N. cochlearis.
Vom Innenrand der Schnecke erstreckt sich eine dünne Schicht über die Haarzellen – die Tektorialmembran. Durch die Relativbewegung dieser Tektorialmembran zur Basilarmembran werden die Stereozilien ausgelenkt. Mehr zum Hörvorgang s. Skript Physiologie 3.

> **Merke!**
>
> - Die Endolymphe im Ductus cochlearis wird von der **Stria vascularis** gebildet.
> - Ductus cochlearis und Scala vestibuli trennt die **Reissner-Membran**.
> - Ductus cochlearis und Scala tympani trennt die **Basilarmembran**.
> - Der Basilarmembran sitzt das **Corti-Organ** auf, mit dem wir hören.

Übrigens …
Die für die Prüfung des Hörvermögens wichtigen otoakustischen Emissionen werden von den äußeren Haarzellen erzeugt.

Nachdem du nun die afferente Seite bewältigt hast, folgt jetzt der Teil des ZNS, in dem sich Afferenzen und Efferenzen vereinen und nur noch topografisch zu unterscheiden sind.

4.2 Rückenmark

Das Rückenmark ist die Verlängerung unseres Gehirns in die Peripherie unseres Körpers. Von hier aus nimmt die motorische Leitung (zweites Neuron) ihren Anfang und hier laufen auch die Afferenzen aus dem Körper ins ZNS. Im Querschnitt lassen sich graue Substanz (innen) und weiße Substanz (außen) unterscheiden.

Übrigens …
Generell gilt, dass im ZNS immer dort graue Substanz zu finden ist, wo viele Zellkörper liegen. Weiße Substanz entsteht durch die Myelinscheiden der Nervenfasern. Da sie zu einem großen Teil aus Lipiden bestehen, reflektieren sie nämlich das Licht ganz und ungebrochen, was unserem Auge weiß erscheint.

Bei der weißen Substanz handelt es sich daher auch im Rückenmark um Leitungsbahnen, deren genaue Namen du im Skript Anatomie 2 kennen lernst (s. IMPP-Bild 11, S. 53).
Die graue Substanz lässt sich weiter in eine **Grundplatte** (nach ventral gelegen) und eine Flügelplatte (liegt dorsal) untergliedern, wobei die Grundplatte größer ist. In der Grundplatte liegen die Perikarien der **zweiten motorischen Neurone**. (Erste motorische Neurone liegen im Kortex/Gyrus praecentralis.) Die Axone der zweiten Neurone verlassen das Rückenmark als **Radix anterior** und innervieren die Muskulatur. Manche dieser Nervenfasern haben einen meterlangen Verlauf (z. B. der N. ischiadicus). Dieses Monsteraxon will jedoch auch versorgt sein, daher muss die Mutter daheim viel kochen. Sprich: Die Rückenmark-Neurone sind sehr stoffwechselaktiv und synthetisieren viele Proteine. Dazu gehört viel **raues ER**, was histologisch in Form von **Nissl-Schollen** sichtbar wird.

4.3 Spinalganglion

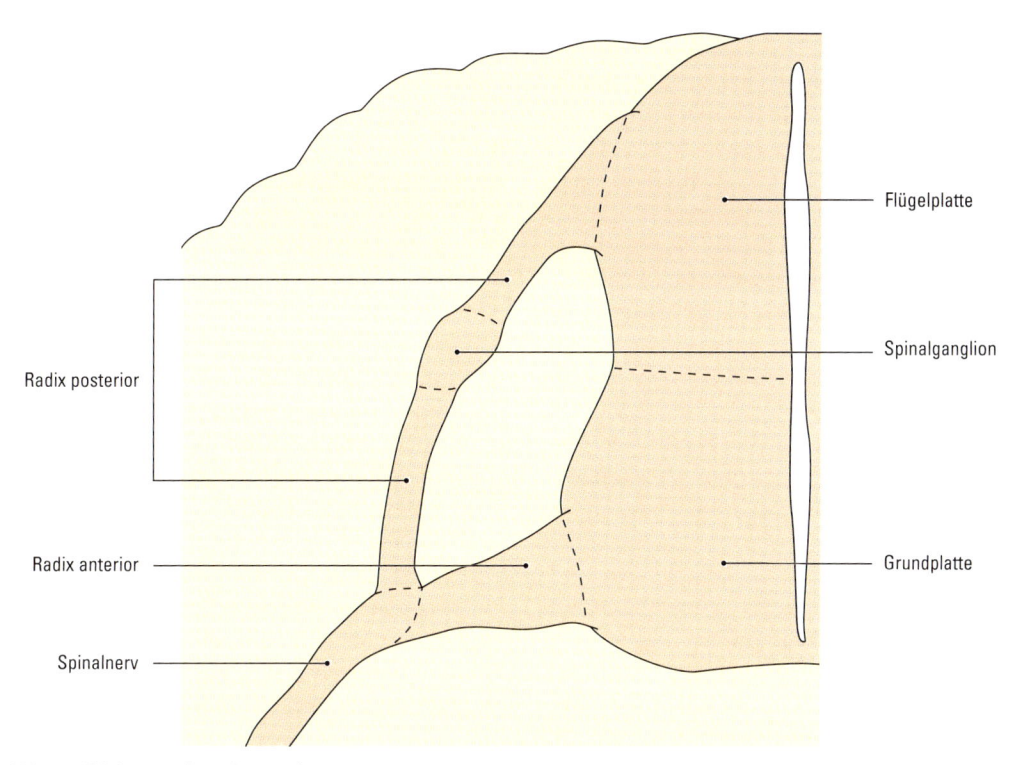

Abb. 15: Rückenmark embryonal

Labels: Flügelplatte, Spinalganglion, Grundplatte, Radix posterior, Radix anterior, Spinalnerv

medi-learn.de/6-histo2-15

In der Flügelplatte befinden sich nicht so viele Zellkörper, darum ist sie kleiner. Die Perikarien der afferenten, pseudounipolaren Nervenzellen liegen in den Spinalganglien (s. Abb. 16, S. 38).

> **Merke!**
>
> – Die in der Grundplatte gelegenen Zellen sind als motorische Neurone anzusehen. Folglich ist ihr Neurotransmitter an der motorischen Endplatte Acetylcholin.
> – Nissl-Schollen = Nissl-Substanz ist raues ER/ Ergastoplasma.

4.3 Spinalganglion

Die Spinalganglien befinden sich in der Radix posterior der Spinalnerven. Mikroskopisch erkennt man viele Zellkörper, die von einem Mantel aus kleineren Zellen umgeben sind. Hierbei handelt es sich um die **Perikarien pseudounipolarer Nervenzellen**, umgeben von **Mantelzellen**. Auf manchen Fotos dieser Zellen kann man den Axonhügel an seinem helleren Zytoplasma erkennen. Die elektrische Isolation erfolgt hier durch Schwann-Zellen, weshalb sie strenggenommen nicht mehr zum ZNS gezählt werden dürften. Weil sie funktionell jedoch genau dazu gehören und es kein Kapitel für periphere Nerven gibt, habe ich sie hierunter mitbesprochen. Also bitte davon nicht verwirren lassen.

> **Merke!**
>
> Die Myelinscheiden in den Spinalganglien werden durch Schwann-Zellen gebildet. Daher zählt man die Spinalganglien zum PNS!

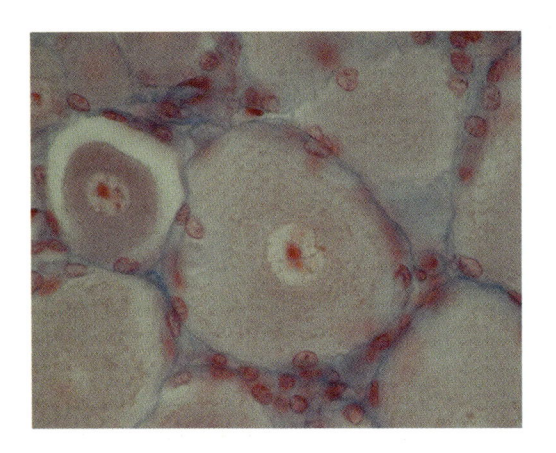

4 Zentrales Nervensystem, Auge und Ohr

Abb. 16: Spinalganglienzelle

medi-learn.de/6-histo2-16

4.4 Kleinhirn

In diesem Abschnitt werden dir die integrativen Prozesse des Gehirns vorgestellt. Doch was genau bedeutet eigentlich Integration? Laut Wörterbuch ist Integration „die Wiederherstellung einer Einheit aus Differenziertem". Damit ist im Wesentlichen die Funktion unseres Gehirns erfasst, und zwar sowohl die des Großhirns als auch die des Kleinhirns. Diese beiden haben nur unterschiedliche Aufgabenbereiche.

Kleiner Tipp: Wie sich hier mal wieder zeigt, ist ein Wörterbuch eine tolle Sache, da viele Namen für sich sprechen. Hast du dir einen Begriff erst mal übersetzt, erklären sich nämlich viele Zusammenhänge von selbst. Und man behält nichts besser als verknüpftes Wissen.

Bei der Besprechung des Verdauungstrakts hast du ja schon die Möglichkeit kennen gelernt, zeit-, arbeits- und energieintensive Vorgänge aus einem Verbund auszugliedern. Dabei handelte es sich um die großen Drüsen des Oberbauchs (Leber und Pankreas).

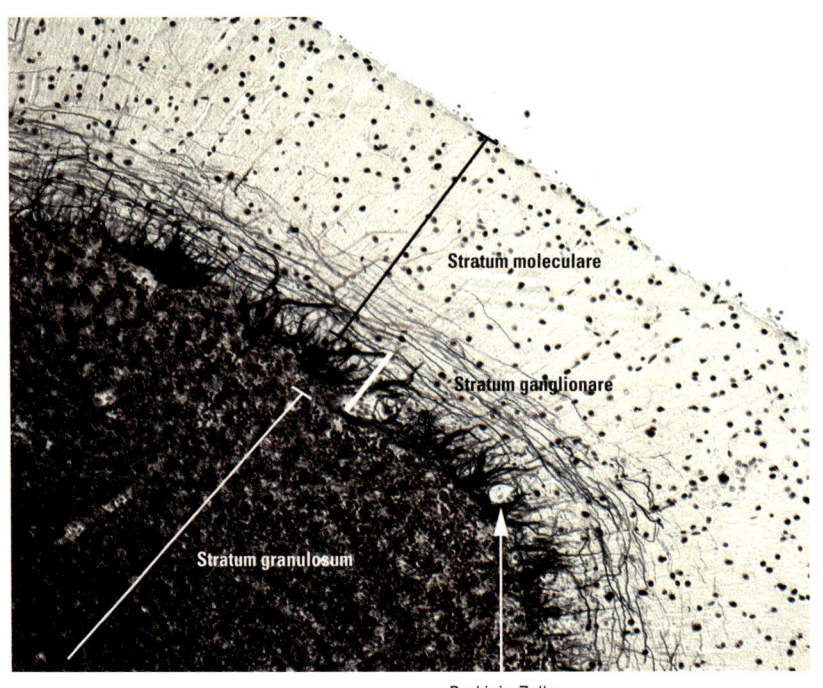

Stratum moleculare

Stratum ganglionare

Stratum granulosum

Purkinje-Zelle

Abb. 17: Kleinhirn Purkinjezellen

medi-learn.de/6-histo2-17

4.4 Kleinhirn

Nun stehen wir vor einer vergleichbaren Situation: Die Aufgabe unseres Gehirns besteht unter anderem darin, aus unzähligen Informationen eine konstante Realität zu erzeugen, in der wir uns als denkende und handelnde Individuen bewegen können.

Nun steckt das Gehirn aber völlig unbeweglich in der Spitze eines Elfenbeinturmes fest, der dummerweise noch auf zwei Beinen steht, die dummerweise noch mehrere Gelenke haben und sich manchmal auch noch über unebenes Gelände bewegen. Zusätzlich gilt es, mit zwei eigens konstruierten Greifwerkzeugen die Umwelt nach den eigenen Maßstäben zu manipulieren – sprich die Arme sinnvoll zu bewegen.

Um diese komplexen Aufgaben zu bewältigen, hat sich im Laufe der Zeit ein eigenes Rechenzentrum für Bewegungskoordination entwickelt – das Kleinhirn. Es erhält all die Informationen, die für einen geordneten Ablauf der Bewegungen nötig sind und verarbeitet diese selbstständig, sodass der Großrechner (das Großhirn) seiner eigentlichen Aufgabe gerecht werden kann.

Das Kleinhirn erhält hierfür Zuflüsse aus dem **Rückenmark** (aus Muskelspindeln und Propriozeptoren), die es über die Haltung der Extremitäten unterrichten. Das **Labyrinth** sendet Daten über die Lage des Körpers zur Schwerkraftachse der Erde und über Relativbewegungen zu dieser Achse. Die Teile des Kleinhirns,

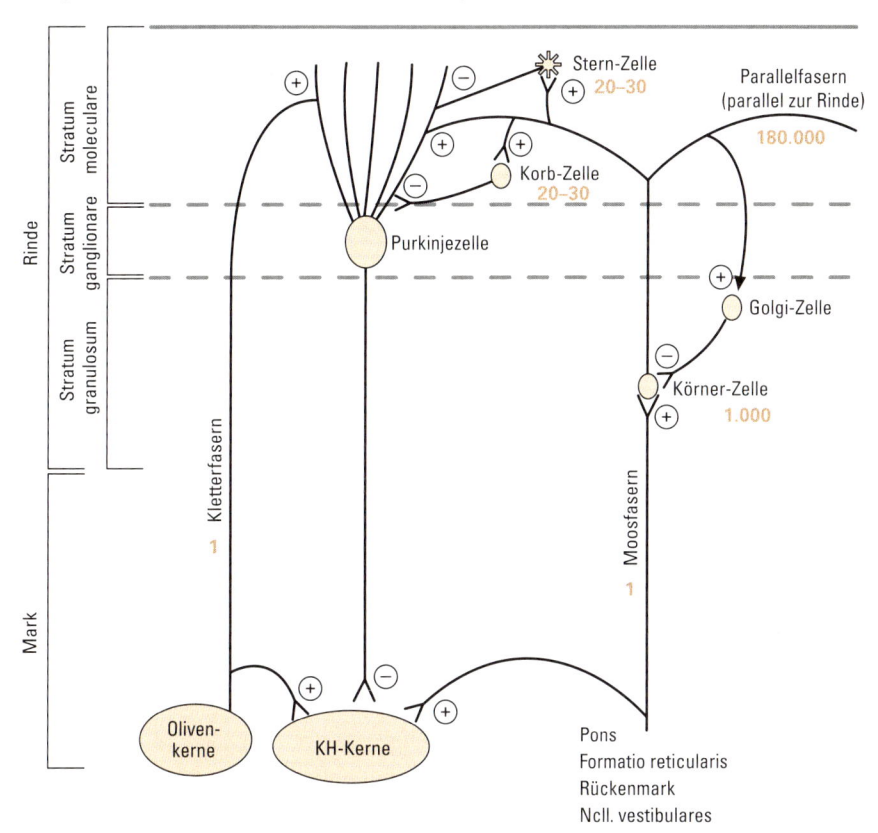

Transmitter + meist Glutamat
Transmitter – meist GABA

Zahlenverhältnisse:
1 Kletterfaser erregt 1 Purkinje-Zelle
1 Moosfaser erregt 1.000 Körnerzellen mit 180.000 Parallelfasern zu je 20–30 Stern-/Korb-Zellen

Abb. 18: Schichten und Verschaltung der Zelltypen im Kleinhirn   *medi-learn.de/6-histo2-18*

4 Zentrales Nervensystem, Auge und Ohr

die diese Infos erhalten, heißen daher **Spinocerebellum** (vom Rückenmark) und **Vestibulocerebellum** (vom Labyrinth).

Aus dem Großrechner kommen über die Pons noch all jene Ideen, die man z. B. braucht, um zu tanzen oder Tennis zu spielen. Diese Informationsflut landet im **Pontocerebellum**, das entsprechend der größte Teil des Kleinhirns ist. Histologisch lassen sich diese drei Teile nicht unterscheiden (außer vielleicht von Vollprofis, die seit Jahren nichts anderes machen). Daher brauchst du dir wenigstens hier nur einen Teil anzusehen und kannst dennoch über das Ganze sprechen.

Im Aufschnitt bietet sich das Bild eines Arbor vitae – eines Lebensbaums – mit Ästen (Marklager) und Blättern (Foliae/Cortex cerebelli). Bei zunehmender Vergrößerung lässt sich im Kortex eine Zweiteilung in eine äußere helle und eine innere dunklere Schicht erkennen:
- das helle **Stratum moleculare** mit myelinisierten Fasern und
- das dunklere **Stratum granulosum** mit zahlreichen Zellkörpern.

Die Fasern gehören zu den Körnerzellen des Stratum granulosum, die ihre Axone dort hinaufschicken, damit sie Kontakt zu den zahlreichen Dendriten der Purkinjezellen aufnehmen. Bei noch genauerem Hinsehen entdeckt man zwischen diesen beiden Schichten eine dünne Lage von recht großen, pyramidenförmigen Zellkörpern: Das Stratum ganglionare, in dem die größten und einzigen efferenten Zellen der Kleinhirnrinde zu finden sind – die Purkinjezellen. In der gleichen Zellschicht gibt es noch die Korbzellen, die um die Purkinjezellen (wie Körbe) herumliegen und diese miteinander vernetzen. Neben den Afferenzen von Körner- und Korbzellen erhalten die Purkinjezellen noch Informationen durch die Kletterfasern aus der Olive des Hirnstamms.

> **Merke!**
> - Die Purkinjezellen des Kleinhirns liegen im Stratum ganglionare und sind die einzigen efferenten Neurone der Kleinhirnrinde.
> - Purkinjezellen sind inhibitorische Nerven mit dem Neurotransmitter GABA.
> - Neben einem prominenten Zellkörper verfügen die Purkinjezellen über einen weit verzweigten Dendritenbaum, der senkrecht zu den Oberflächenfurchen und damit auch senkrecht zur Längsachse der Foliae cerebelli steht.

Wie du hier siehst, erfordert die Koordination unserer Bewegungen einen hochkomplexen Apparat aus vielfach vernetzten Nervenzellen. Wie diese Integration genau abläuft, weiß man (noch) nicht und es wäre wahrscheinlich selbst für 20 Doktorarbeiten zu viel Stoff …

Zum Kleinhirn solltest du dir für die schriftliche Prüfung unbedingt den Inhalt dieser Tabelle merken:

Stratum moleculare (außen)	Fasern hauptsächlich aus Körnerzellen
Stratum ganglionare	Purkinjezellen Korbzellen
Stratum granulosum (innen)	Körnerzellen
Purkinjezellen	– große Zellkörper – weit verzweigte Dendritenbäume quer zur Längsachse der Foliae cerebelli – einzige Efferenz der Kleinhirnrinde – inhibitorisch

Tab. 2: Histologie des Kleinhirns

4.5 Großhirn

Kommen wir nun endlich zum Großrechner selbst. Über seine Arbeitsweise weiß man lediglich, dass es ältere Teile (Allokortex) gibt, die sich dann auch mit grundlegenderen Dingen wie der Nahrungsaufnahme, der Emotionsverarbeitung und dem Sexualverhalten beschäftigen. Daneben gibt es neue Teile (Isokortex), die eher auf Assoziation, Sprechen, Persönlichkeit und Denken spezialisiert sind. Außerdem weiß man, dass es bestimmte Areale gibt, mit denen das Gehirn bestimmte Aufgaben erfüllt. Insgesamt ist das Großhirn ein sehr „plastisches" Organ, das sich unterschiedlichen Anforderungen gut anpassen kann.

Histologisch unterscheiden sich Allokortex und Isokortex durch die Anzahl ihrer Laminae (Schichten): Der Allokortex hat nur drei, der Isokortex hingegen sechs Schichten.

Übrigens ...
Ein mögliches Beispiel für den Allokortex ist das Ammonshorn, was dem Querschnitt des Hippocampus entspricht. Dies ist aber höchstens ein Thema für die Mündliche, und selbst dann würde ich vermuten, dass es sich dabei um ein Extrabildchen für Einserkandidaten handelt.

Das gängige Bild im Examen zum Isokortex findest du als IMPP-Bild 12, S. 53.
Gefragt wurde bislang stets nach jenen großen Zellen, die auch **Pyramidenzellen** oder **Betz-Zellen** genannt werden. Neben ihrem Namen war für das Schriftliche noch interessant, dass es die **Projektionsneurone** des Kortex sind, dass sie sich in den Schichten III und V befinden und u. a. monosynaptische Verbindungen zu α-Motoneuronen der Handmuskulatur haben.

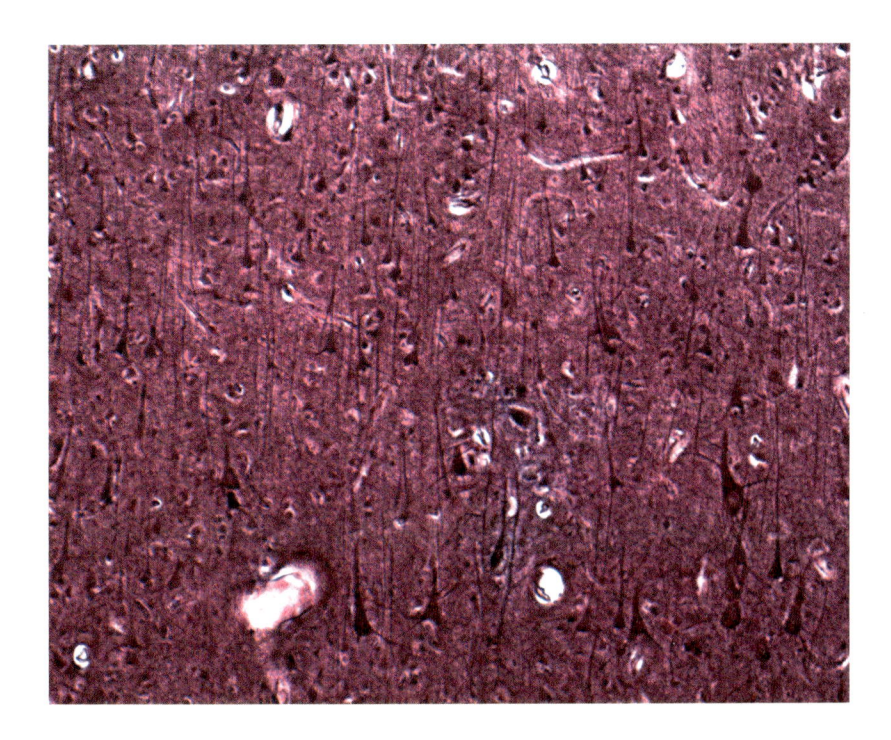

Abb. 19: Isokortex Projektionsneurone

medi-learn.de/6-histo2-19

4 Zentrales Nervensystem, Auge und Ohr

Abb. 20: Isokortex (Lamina molecularis, Lamina pyramidalis, Blutgefäß)

medi-learn.de/6-histo2-20

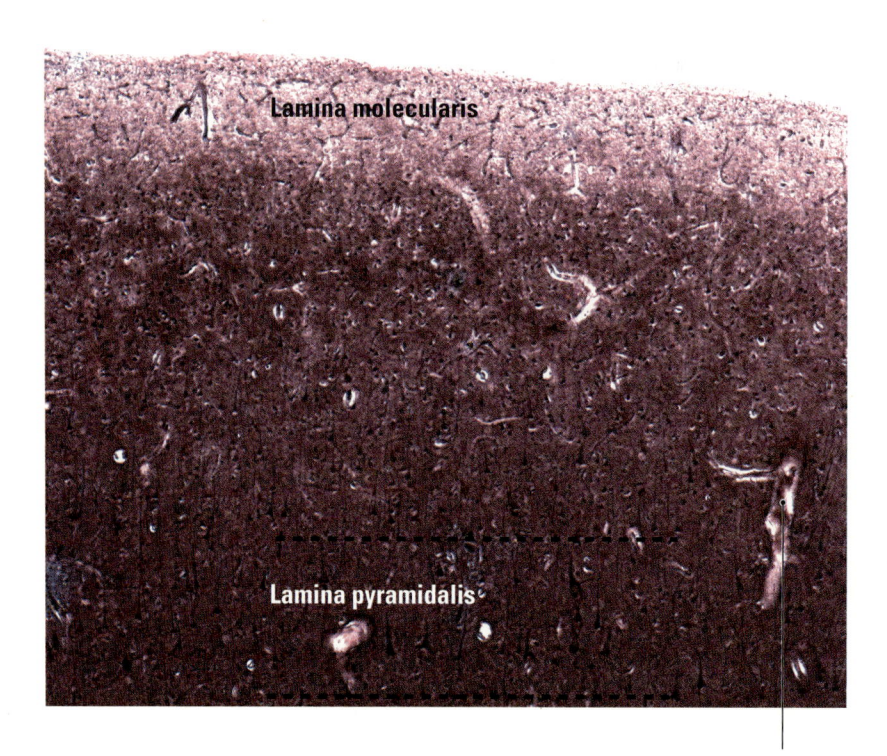

> **Merke!**
> - Der Allokortex hat drei Laminae.
> - Der Isokortex hat sechs Laminae.
> - Pyramidenzellen heißen auch Betz-Zellen. Sie sind die Projektionsneurone des Großhirns, in den Schichten III und V zu finden und haben u. a. monosynaptische Verbindungen zu α-Motoneuronen der Handmuskulatur.

4.6 Hirnstamm/Monoaminerge Systeme

Den krönenden Abschluss der speziellen Histologie bildet der Hirnstamm. Dabei handelt es sich um einen Teil des Gehirns, dessen Aufgabe darin besteht, die Grundfunktionen unseres Körpers zu regulieren, wie z. B. die Herz- und Atemfrequenz und den Schlaf-Wach-Rhythmus. Ein wichtiges Steuerzentrum hierfür ist das ARAS – das „Aufsteigende Retikuläre Aktivierende System". Bestimmte Zellen des Hirnstamms haben sich dabei auf die Abgabe einzelner Neurotransmitter spezialisiert. Diese Zellen bilden dann Gruppen, die man als monoaminerge Systeme bezeichnet.

Die Abgabe der einzelnen Neurotransmitter unterliegt meist einer zirkadianen Rhythmik. Man hat beobachtet, dass zu bestimmten Tages- und Nachtzeiten jeweils das eine oder andere monoaminerge System mit seiner Ausschüttung von Transmittern überwiegt. Welches System zu welcher Zeit aktiv ist, stand bis jetzt noch nicht zur Debatte.

Hier handelt es sich mal wieder um ein Gebiet, zu dem man besonders intelligente Fragen stellen kann. Schließlich verfügt ja jeder Physikumskandidat über ein derart fundiertes Wissen bezüglich neuroendokrinologischer Grundlagen, dass es ihm keinerlei Schwierigkeiten bereiten dürfte, dieses Detailwissen zu integrieren, oder? Also machen wir es kurz und schmerzlos:

4.6 Hirnstamm/Monoaminerge Systeme

Zellpopulation/Ort	Neurotransmitter
Locus coeruleus	Noradrenalin
Raphekerne	Serotonin
Substantia nigra	Dopamin

Tab. 3: Transmitter des Hirnstamms

Von diesen Dreien kam bislang im Schriftlichen einer fast immer dran, aber weiter ins Detail ging es nicht ...

Da dies seit Jahren immer wieder gefragt wird, hier noch mal eine Übersicht über die am meisten gefragten Transmitter:

Dopamin	Substantia nigra, Pars compacta Limbisches System Bulbus olfactorius
(Nor-)Adrenalin	Locus coeruleus (Mesencephalon) Formatio reticularis (ARAS) Medulla oblongata
Serotonin	Raphekerne (Mesencephalon) Formatio reticularis Limbisches System
Somatostatin	Thalamus Hypothalamus
Melatonin	Epiphyse
Acetylcholin	Ncl. basalis Meynert (Rhombencephalon)
GABA, Glutamat	Kleinhirn Basalganglien

Tab. 4: Häufig gefragte Transmitter

DAS BRINGT PUNKTE

Am besten organisierst du dein Wissen zum Thema **Auge** auch hier nach dem optischen und dem neurorezeptiven Anteil.

Zum **optischen Teil** solltest du wissen, dass
- die Linsenfasern aus dem Linsenepithel hervorgehen.
- die Linse bei Säuglingen einen vorderen und einen hinteren Stern hat.
- im Augenhintergrund die Fovea centralis als Macula, der Neuronenaustritt als Papille und die eintretenden Gefäße mit den vier Hauptästen zu sehen sind.

Zum **neurorezeptiven Teil** solltest du dir merken, dass
- bei der Fovea centralis die Ganglienzellen zur Seite verlagert sind.
- die abgenutzten Außengliedabschnitte der Rezeptorzellen vom Pigmentepithel phagozytiert werden.
- die Myelinscheiden des N. opticus von Oligodendrogliazellen gebildet werden. Sie treten erst im Sehnerv auf und NICHT bereits in der Retina.
- die Synapsen der Photorezeptoren in der äußeren plexiformen Schicht liegen.

Die wesentlichen Fragen zum Thema **Ohr** beziehen sich auf die **Cochlea**, weniger wird zum Labyrinth gefragt.
Zum Hörteil solltest du daher wissen, dass
- die Endolymphe der intrazellulären Flüssigkeit ähnelt – also kaliumreich ist.
- die Perilymphe dem Blutplasma ähnelt – und demzufolge reicher an Natrium ist.
- die Endolymphe im Ductus cochlearis von der Stria vascularis gebildet wird.
- Ductus cochlearis und Scala vestibuli die Reissner-Membran trennt.
- Ductus cochlearis und Scala tympani die Basilarmembran trennt.
- der Basilarmembran das Corti-Organ aufsitzt, das das eigentliche Hörorgan ist.

Zum **Labyrinth** solltest du fürs Schriftliche parat haben, dass
- sich im Sacculus und im Utriculus je eine Macula statica befindet.

Zu beiden solltest du dir merken, dass
- die **Haarzellen** des Labyrinths Kinozilien tragen und
- die Haarzellen des Corti-Organs NICHT.

Hinsichtlich der speziellen Histologie des **ZNS** kann man von Glück sagen, dass sich die Fragen in einem eng umrissenen Rahmen bewegen. Hier also nochmal die wichtigsten Punktebringer:

Rückenmark:
- Die großen Zellen in der Grundplatte sind α-Motoneurone. Ihr Transmitter ist Acetylcholin.
- In den Spinalganglien findet man Schwann-Zellen.

Kleinhirn:
- Purkinjefasern sind die einzige Efferenz der Kleinhirnrinde.
- Die dazugehörigen Purkinjezellen sind hier die größten Zellen.
- Die Efferenz ist inhibitorisch.
- Der Dendritenbaum steht quer zur Längsachse der Foliae cerebelli.

Großhirn:
- Der Isokortex ist sechsschichtig.
- Der Allokortex ist dreischichtig.
- Die größten Zellen des Isokortex sind die Pyramidenzellen.
- Die Pyramidenzellen sind Projektionsneurone und heißen auch Betz-Zellen.
- Sie finden sich hauptsächlich in den Schichten III und V.
- Oligodendrozyten haben keine Basalmembran.

DAS BRINGT PUNKTE

- Astrozyten produzieren GFAP – ein Protein, woran Tumoren astrozytärer Herkunft erkannt werden können.
- Astrozyten sind neuroektodermaler Herkunft und an der Blut-Hirn-Schranke beteiligt.

Monoaminerge Systeme:
- Im Locus coeruleus wird Noradrenalin hergestellt.
- Die Raphekerne produzieren Serotonin.
- Die Substantia nigra ist für die Dopaminproduktion zuständig.

FÜRS MÜNDLICHE

Gleich hast du es geschafft! Nur noch die letzten Fragen richtig beantworten und du bist bestens gerüstet fürs Mündliche im Fach Histologie!

1. Nennen Sie die Aufgaben des Auges.
2. Nennen Sie die Aufgaben, die das Pigmentepithel hat.
3. Beschreiben Sie bitte den Aufbau der Cochlea.
4. Wie unterscheiden Sie die verschiedenen Räume in der Schnecke?
5. Sagen Sie, wer produziert denn die Endolymphe?
6. Was ist Ihrer Meinung nach die Stria vascularis?
7. Beschreiben Sie bitte die Aufgaben und den Aufbau des Labyrinths.
8. Woran erkennen Sie Motoneurone im Rückenmark?
9. Welche prominenten Zellen begegnen Ihnen auf einem Schnitt des Isokortex und was ist deren Aufgabe?
10. Sagen Sie, was sind die auffälligsten Zellen des Kleinhirns?
11. Beschreiben Sie bitte eine Purkinjezelle.
12. Woran können Sie Iso- und Allokortex im histologischen Schnittbild erkennen?

---

1. Nennen Sie die Aufgaben des Auges.
Das Auge gliedert sich in einen optischen und einen neurorezeptiven Teil. Seine Aufgaben sind
- Akkommodation,
- Lichtverarbeitung.

2. Nennen Sie die Aufgaben, die das Pigmentepithel hat.
- Schutz vor Streulicht,
- Phagozytose.

3. Beschreiben Sie bitte den Aufbau der Cochlea.
Die Cochlea ist ein gewundener Schlauch und im Felsenbein gelegen. Sie lässt sich in drei Räume gliedern, die durch Membranen voneinander getrennt sind: Scala tympani und Scala vestibuli sowie den Ductus cochlearis.
- Scala tympani und Ductus cochlearis werden von der Basilarmembran getrennt.

FÜRS MÜNDLICHE

– Scala vestibuli und Ductus cochlearis sind durch die Vestibularmembran getrennt.
– Das Hörorgan besteht aus den Haarzellen, die der Basilarmembran aufsitzen.

4. Wie unterscheiden Sie die verschiedenen Räume in der Schnecke?
Die darin enthaltene Flüssigkeit ist von unterschiedlicher Zusammensetzung.
– Im Ductus cochlearis ähnelt sie der kaliumreichen intrazellulären Flüssigkeit. Hier heißt sie Endolymphe.
– In den beiden anderen Räumen ist sie in ihrer Mineralzusammensetzung dem Blut vergleichbar. Hier heißt sie Perilymphe.

5. Sagen Sie, wer produziert denn die Endolymphe?
Die Stria vascularis.

6. Was ist Ihrer Meinung nach die Stria vascularis?
Spezialisierte Zellen an der Außenseite des Ductus cochlearis.

7. Beschreiben Sie bitte die Aufgaben und den Aufbau des Labyrinths.
Es handelt sich hierbei um ein Organ zur Messung von linearer und rotatorischer Beschleunigung.
– Die rotatorische Komponente wird dabei in den drei Bogengängen gemessen, wodurch alle Richtungen des Raums berücksichtigt sind.
– Die Linearbeschleunigungen werden in Sacculus und Utriculus gemessen.
Das Messorgan sind hierbei die Haarzellen, deren Auslenkungen zu Potenzialänderungen führen, was zentralnervös als Richtungsänderung interpretiert wird.

Wenn du ein histologisches Präparat aus dem Bereich ZNS bekommst, solltest du den Schnitt zuerst einer Hirnregion zuordnen und etwas über die Histologie Hinausgehendes erzählen können. Daneben gibt es zu den Histopräparaten natürlich auch Einzelfragen, wie z. B.:

8. Woran erkennen Sie Motoneurone im Rückenmark?
– In der Grundplatte gelegen,
– dort die größten Zellen,
– reich an rauem ER.

9. Welche prominenten Zellen begegnen Ihnen auf einem Schnitt des Isokortex und was ist deren Aufgabe?
– Pyramidenzellen = Betz-Zellen,
– Projektionsneurone und
– Axone bilden die efferenten Bahnen des Großhirns.
– Sie finden sich in den Schichten III und V.

10. Sagen Sie, was sind die auffälligsten Zellen des Kleinhirns?
Purkinjezellen

11. Beschreiben Sie bitte eine Purkinjezelle.
– Großer Zellkörper und verzweigter Dendritenbaum,
– einzige Efferenz der Kleinhirnrinde,
– inhibitorisch.

12. Woran können Sie Iso- und Allokortex im histologischen Schnittbild erkennen?
– Der Isokortex hat sechs Schichten.
– Der Allokortex hat nur drei Schichten.
– Beispiel für Allokortex ist das Ammonshorn.

Pause

Geschafft! Hier noch ein
kleiner Cartoon als Belohnung ...

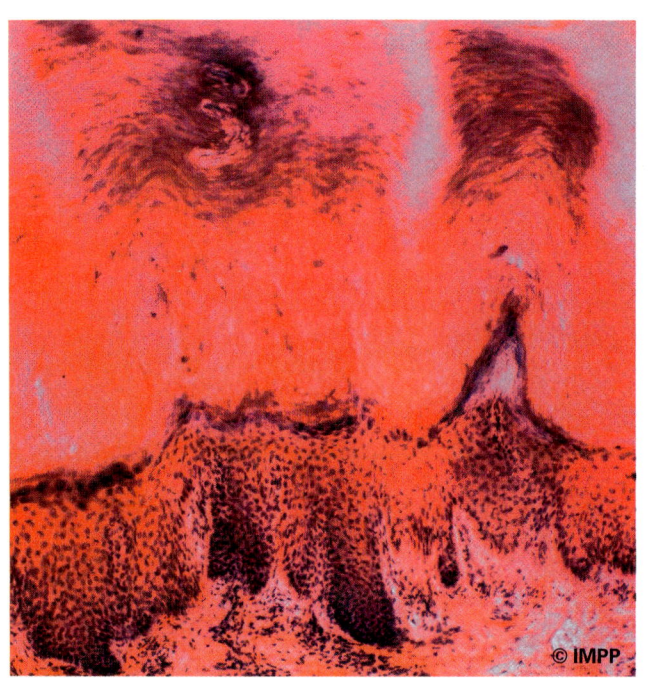

Anhang

IMPP-Bild 1: Leistenhaut
medi-learn.de/6-histo2-impp1

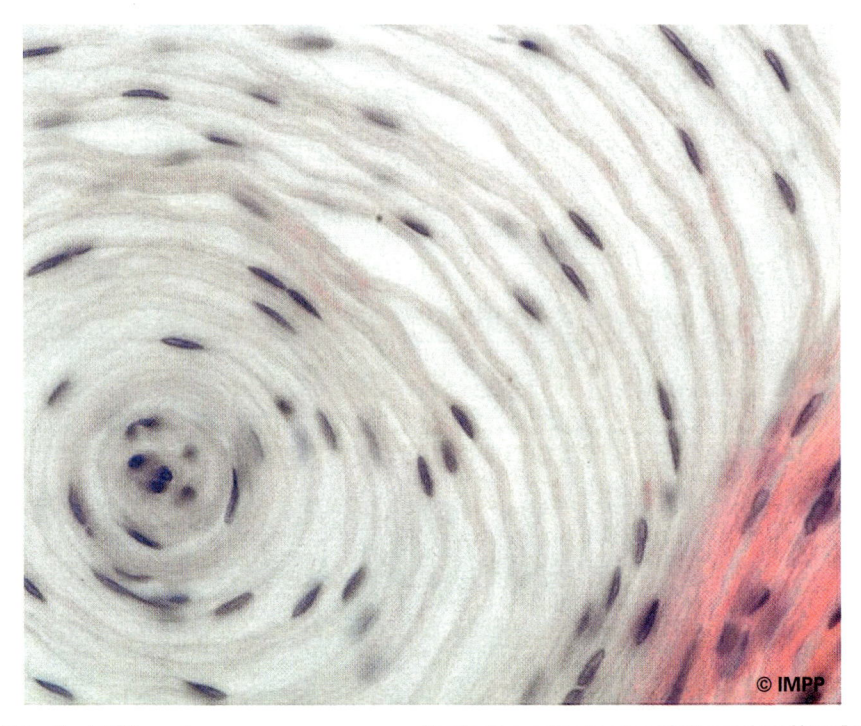

Leistenhaut mit deutlich sichtbarem Stratum lucidum.

IMPP-Bild 2: Vater-Pacini-Körperchen
medi-learn.de/6-histo2-impp2

Die Abbildung zeigt einen Ausschnitt aus einem Vater-Pacini-Körperchen.

IMPP-Bilder

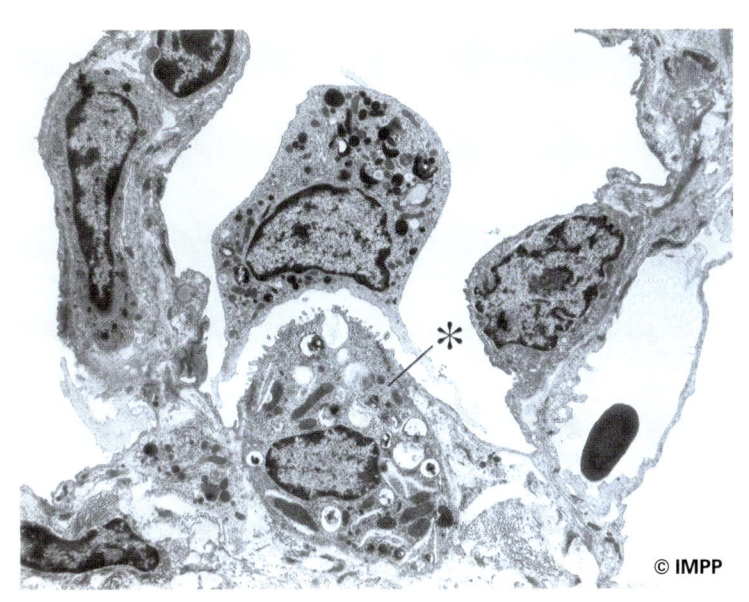

IMPP-Bild 3: Elektronenmikroskopische Aufnahme einer Alveole

Rechts ist eine Kapillare mit Erythrozyt zu sehen. Die markierte Zelle ist ein Pneumozyt Typ II = eine surfactantbildende Zelle.

medi-learn.de/6-histo2-impp3

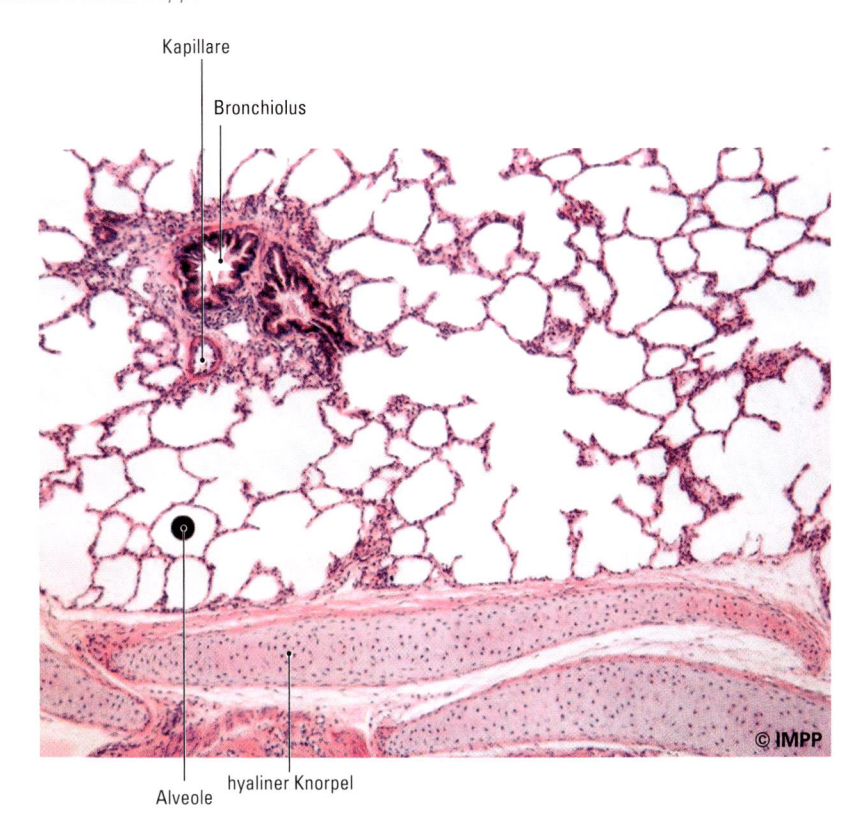

Anhang

Kapillare
Bronchiolus
Alveole   hyaliner Knorpel

IMPP-Bild 4: Lunge

medi-learn.de/6-histo2-impp4

Anhang

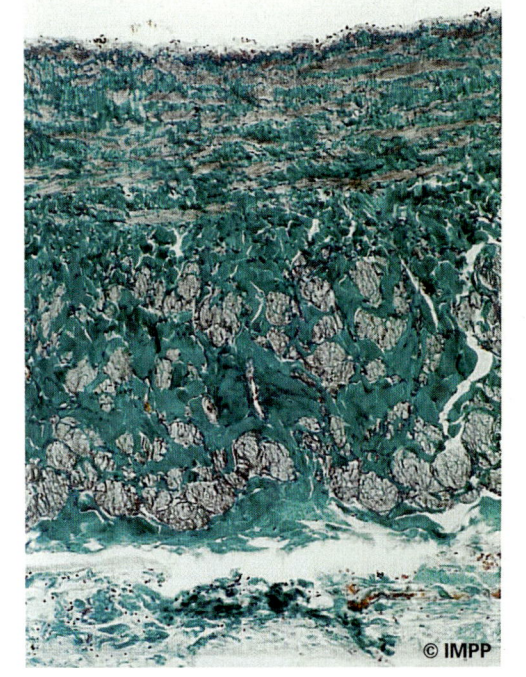

IMPP-Bild 5: Schnitt durch die V. brachialis
medi-learn.de/6-histo2-impp5

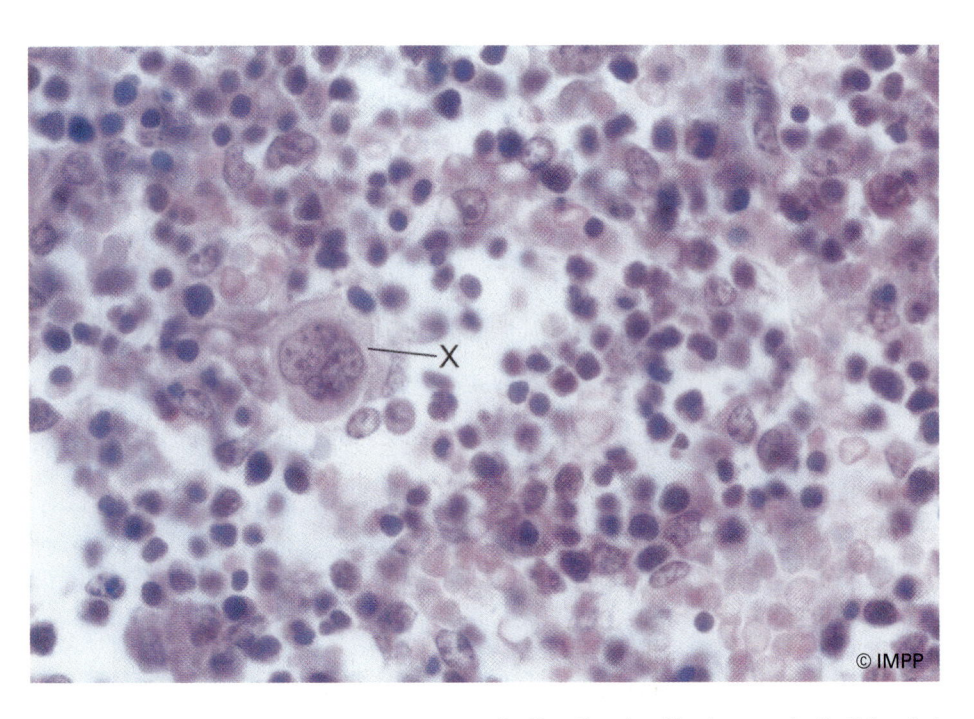

IMPP-Bild 6: Megakaryozyt
medi-learn.de/6-histo2-impp6

Das X markiert einen Megakaryozyt, eine Vorläuferzelle der Thrombozyten.

IMPP-Bilder

Anhang

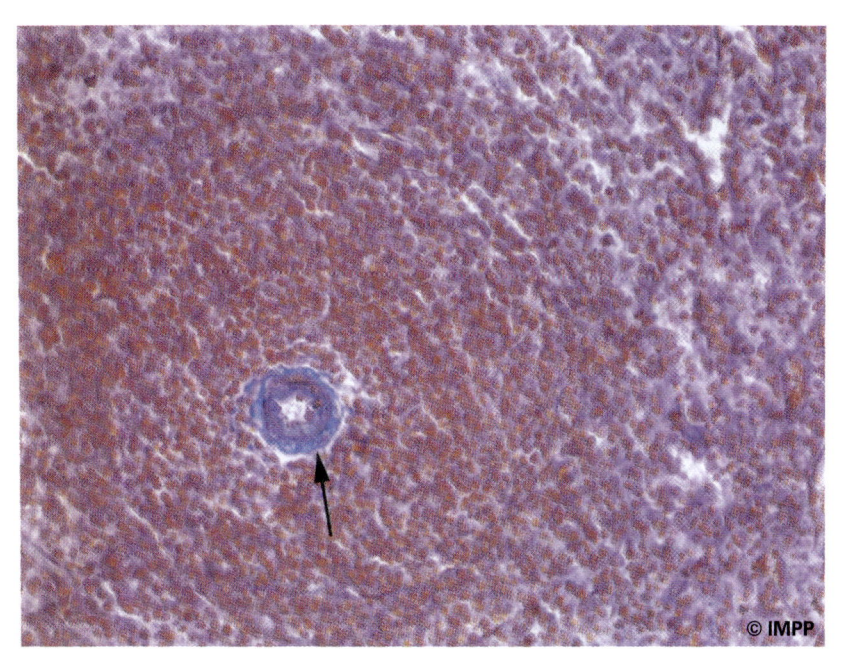

IMPP-Bild 7: Lymphknoten
medi-learn.de/6-histo2-impp7

Lymphknotengewebe mit markiertem Blutgefäß. Aufgrund des kubischen Epithels handelt es sich um eine hochendotheliale Venole.

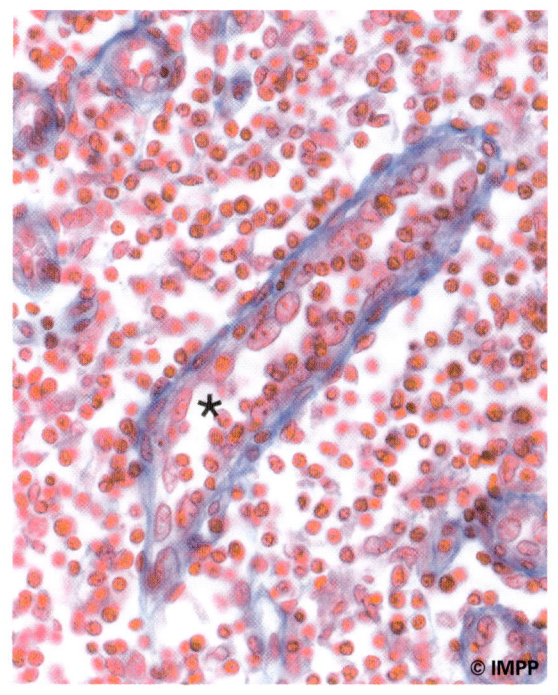

IMPP-Bild 8: Ausschnitt aus einem Lymphknoten
medi-learn.de/6-histo2-impp8

Bei dem markierten Gefäß handelt es sich um eine hochendotheliale Venole, durch deren Wand rezirkulierende Lymphozyten in das umgebende Gewebe eindringen.

Anhang

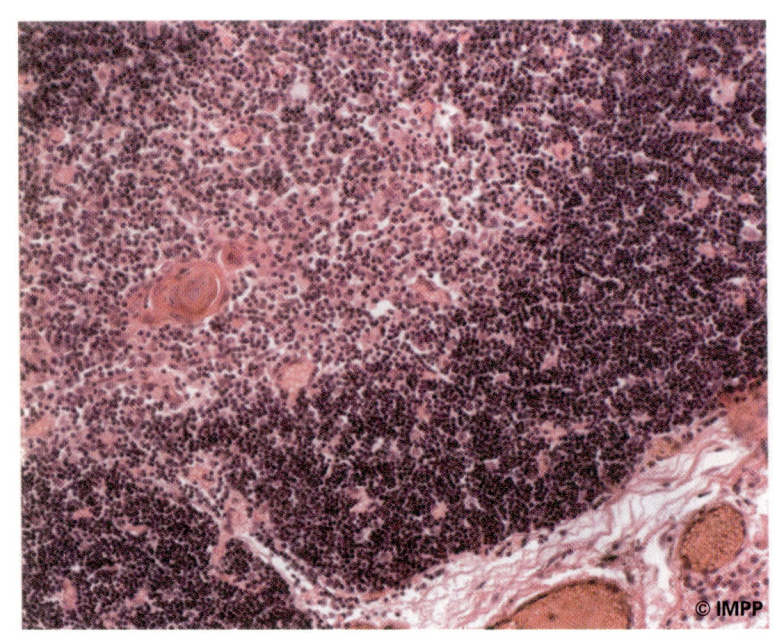

IMPP-Bild 9: Junger Thymus
medi-learn.de/6-histo2-impp9

Junger Thymus mit T-Zellen, aufgeteilt in Rinde (dunkel) und Mark mit Hassall-Körperchen (hell).

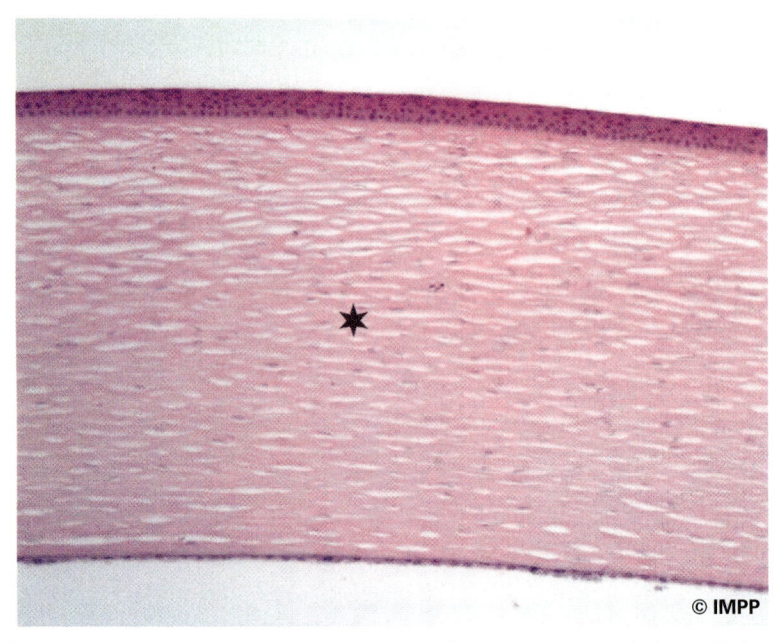

IMPP-Bild 10: Cornea
medi-learn.de/6-histo2-impp10

Der Stern kennzeichnet das kollagene Bindegewebe.

IMPP-Bilder

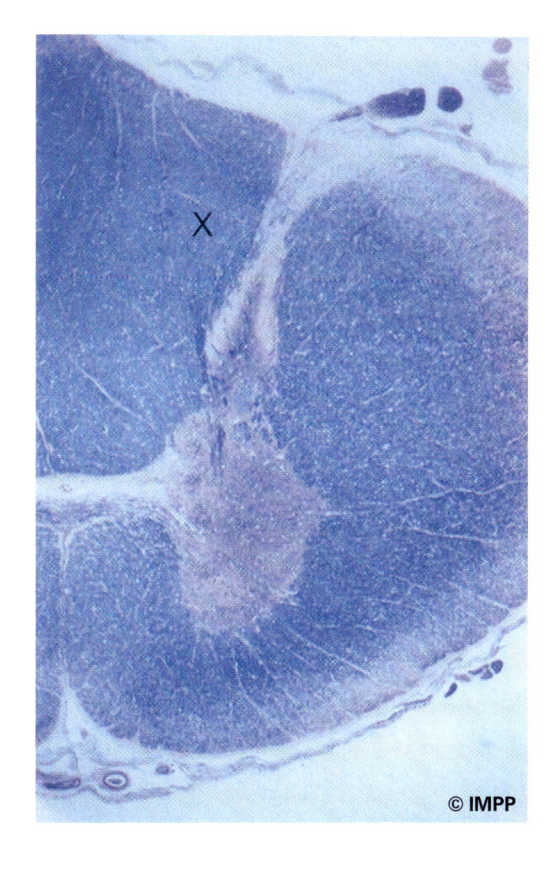

Die Nervenzellkörper der Axone, die in dem mit X bezeichneten Strang (Fasciculus cuneatus) verlaufen, liegen vorwiegend in den Spinalganglien.

IMPP-Bild 11: Querschnitt durch das Rückenmark in der Klüver-Barrera-Färbung

medi-learn.de/6-histo2-impp11

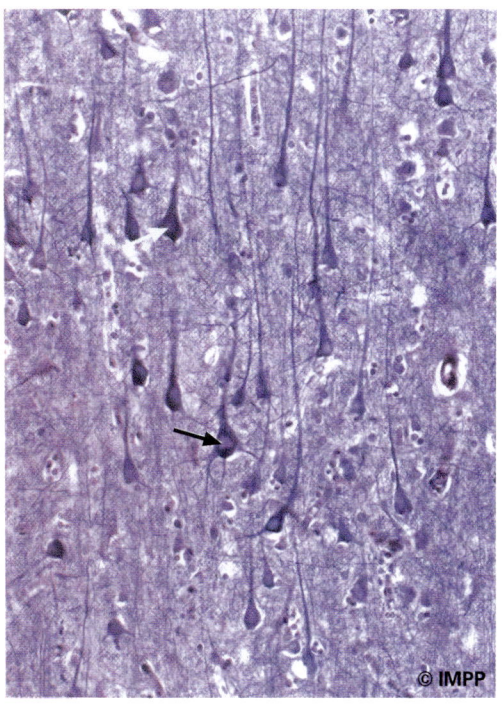

Schöne, längsgeschnittene Pyramidenzellen aus der Großhirnrinde. Der Pfeil markiert eine davon.

IMPP-Bild 12: Isokortex

medi-learn.de/6-histo2-impp12

Anhang

Hitliste der Histologie

Respirationstrakt

Abschnitt	Epithel/Tunica mucosa	Tunica fibromusculocartilaginea
Hauptbronchus	mehrreihiges, zylinderförmiges Epithel mit Kinozilien, Becherzellen	Knorpelspangen, glatte Muskulatur; seromuköse Drüsen
Lappen- & Segmentbronchien	mehrreihiges, zylinderförmiges Epithel mit Kinozilien, Becherzellen	Knorpelplättchen, Muskulatur konzentrisch, seromuköse Drüsen
Bronchus lobularis	einschichtiges Epithel mit Kinozilien, wenig Becherzellen	Muskulatur gitterartig, Knorpelplättchen stark abnehmend
Bronchioli terminales	einschichtiges Epithel mit Kinozilien, keine Becherzellen < 1 mm, letzte Station des Totraums	kein Knorpel, keine Drüsen, Muskulatur konzentrisch
Bronchioli respiratorii	einschichtig kubisches Epithel, weder Kinozilien noch Becherzellen	Muskulatur gitterartig: kontraktile Bronchioli!

Das „Who is who" der Histologie

Adamantoblasten	bilden Zahnschmelz
Auerbach-Plexus	Plexus myentericus, Nervenplexus im Verdauungstrakt, für Muskularis
Belegzellen	Magen, HCl-Produktion, Intrinsic-factor
Bowman-Kapsel	Niere
Brunnerdrüsen	Dünndarm, muköse Drüsen in der Tela submucosa (bicarbonatreiches Sekret für die Neutralisation des sauren Mageninhalts)
Cajal-Zellen	Vermittlungsfunktion zwischen autonomen Nerven und glatten Muskelzellen des GI-Trakts, im Auerbach-Plexus des Dickdarms und in der glatten Muskulatur der Darmwand
Clara-Zellen	Respirationstrakt, lysosomale Enzyme, Surfactant-Proteine SP-A und SP-D
C-Zellen	Schilddrüse, Calcitonin
Disse-Raum	Leber
D-Zellen	Magen, Somatostatin
ECL-Zellen	Magen, Histamin
extraglomeruläre Mesangiumzellen	Niere, unter der Macula densa, modifizierte glatte Muskelzellen, Bedeutung unklar
Glisson-Trias	Leber (Gallengang, Vene, Arterie)
G-Zellen	Magen, Gastrin
Hassall-Körperchen	Thymus, zwiebelschalenartig, degenerierte Retikulumzellen
Hauptzellen	Magen, Pepsinogen
Herzfehlerzellen	Alveolarmakrophagen, die Erythrozyten phagozytiert haben
hochendotheliale Venolen	postkapilläre Venolen im Lymphknoten

Das „Who is who" der Histologie

Hofbauerzellen	Makrophagen der Plazenta
Hülsenkapillaren	Milz
Ito-Zellen	Leber, speichern Fett und Vit. A
I-Zellen	Duodenum, Cholezystokinin
Kupffer-Sternzellen	Makrophagen der Leber
Langerhans-Zellen	Haut, Ag-präs. Zellen, bes. zahlreich in Narbengewebe & im Bereich des Ohres
Langerhans-Inseln	Pankreas
Leydig-Zellen	Hoden, Testosteronproduktion
Lieberkühn-Krypten	v. a. im Ileum: Einsenkungen der Lamina epithelialis in die Lamina propria
Macula densa	Niere, Pars recta des distalen Tubulus, am Gefäßpol, Sensor für NaCl-Konzentration im Tubuluslumen
Malpighi-Körperchen	Milzknötchen, weiße Pulpa
Meissner-Plexus	Plexus submucosus, Nervenplexus im Verdauungstrakt, für die Schleimhaut
Meissner-Tastkörperchen	Haut, Stratum papillare, Berührung
Merkel-Zellen	Haut, Stratum basale, Druck
Nebenzellen	Magen, Schleimproduktion
Odontoblasten	bilden Dentin
Paneth-Körnerzellen	Jejunum, Ileum: apikal gekörnte Zellen (Exozytose); Lysozym, Defensine
Papillae filiformes	Zunge, Mechanorezeption
Papillae foliatae	Zunge, Geschmack
Papillae fungiformes	Zunge, Geschmack, Thermorezeption
Papillae vallatae	Zunge, Geschmack
Peyer-Plaques	Ileum, aggregierte Lymphfollikel, M-Epithel (s. Skript Histologie 3), Lage: gegenüber Mesenterialansatz
Pinselarteriolen	Milz
Podozyt	Niere
Schlitzmembran	Niere
Sertoli-Zellen	Hoden, Spermatogenese, Androgen-bindendes Protein (ABP) & Anti-Müller-Hormon-Produktion
Sharpey-Fasern	Halteapparat Zähne
S-Zellen	Duodenum, Jejunum, Sekretin
Uferzellen	Endothelzellen im Milzsinus
Vater-Pacini-Lamellenkörperchen	Subcutis, Vibration
von-Ebner-Spüldrüsen	Papillae vallatae (Zunge)
Waldeyer-Rachenring	diffus im Pharynx und Larynx liegende lymphatische Ansammlungen/Tonsillen
Zentralvene	Leber

Anhang

Index

Symbole
α-Motoneurone 44

A
Acetylcholin 37
Afferenzen 31
Allokortex 41
Alveolarepithelzellen 12
– Typ I 12
– Typ II 12
Alveolarmakrophagen 13
Alveolarzellen 9
Ammenzellen 26
Ampulla 35
APUD 11
– System 11
– Zellen 11
ARAS-System 42
Asthma 11

B
Basalmembran 4
Basalzellen 11
Basilarmembran 36
Becherzellen 11
Betz-Zellen 41
Bipolarzelle 33
Blastem 5
blinder Fleck 33
Blut-Luft-Schranke 12, 13
B-Lymphozyten 22, 25
Bogengänge 35
Bowman-Membran 31
B-Zellen 23

C
Choroidea 33
Cisterna chyli 22
Clara-Zellen 11
Cochlea 35
Corti-Organ 36
Cupula 35
Cutis 3

D
Dermis (= Corium) 3
Descemet-Membran 31
Diencephalon 32
Discus nervi optici 33
Dopamin 43
Ductus alveolares 10
Ductus cochlearis 35, 36
Ductus thoracicus 22

E
Efferenzen 31
Endolymphe 34, 35
Epidermis 3
Epithel 10
Epithel, respiratorisches 10
Epithelzellen 10

F
Felderhaut 2
Flimmerepithel 10
Flügelplatte 36
Foliae/Cortex cerebelli 40
follikuläre dendritische Zellen 23
Fovea centralis 33

G
GABA 40
genetische Rekombination 26
Glandulae tracheales 11
Glaskörper 31
Grundplatte 36

H
Haarzellen 34, 36
Hassall-Körperchen 27
Hautreaktion, allergische 5
Helicotrema 36
Herzfehlerzelle 14
Herzmuskulatur 14
HEV (= hochendotheliale Venolen) 23
Hilus 24
Hornhaut 31
Hornhautendothel 31
Hornhautepithel 31

Index

I
interdigitierende Zellen 5, 23
Intermediärsinus 23
Involution 26, 29
Isocortex 41

K
Kammerwasser 31
Kartagener Syndrom 14
Keratin 5
Keratinozyten 4, 5
Kinetosomen 10
Kinozilien 10
Knorpelspangen 10
Korbzellen 40
Körnerschicht 33
Körnerzellen 40

L
Labyrinth 34, 39
Laminin-5 4
Langerhans-Zellen 4
Leistenhaut 1
– Felderhaut 1, 2
Linse 31
Linsenepithel 31
Linsenfasern 31
Locus coeruleus 43
Lungenkapillaren 13
Lymphknoten 22, 23
Lymphozytenzirkulation 29

M
Macula statica 35
Makrophagen 23, 26
Malpighi-Körperchen 24, 25
Mantelzellen 37
Marksinus 23
Mastzellen 3
Mechanorezeptoren 6
Meissner-Tastkörperchen 6
Melanin 4
Melanozyten 4
Melatonin 43
Membrana limitans anterior 31
Membrana limitans posterior 31
Merkel-Zellen 6

Milz 24
Mitochondrien 17
Mitose 4
Mukoviszidose 10, 14
Musculus ciliaris 31
Muskelspindeln 39
Myelinscheiden 33

N
Nervus opticus 32
Neuralleiste 4
Neurone 36
Nissl-Schollen 36
Noradrenalin 43

O
Oligodendrozyten 32

P
parakortikale Zone 23
Perilymphe 34, 35
Phäomelanin 4
Pigmentepithel 33
Pinselarterien 24
Pontocerebellum 40
Primärfollikel 23
pseudounipolare Nervenzellen 37
Pulpagefäße 25
Purkinjezellen 40
Pyramidenzellen 41

R
Radix anterior 36
Randsinus 23
Raphekerne 43
raues ER 36
Reissner-Membran 36
retikuläres Bindegewebe 25
Retina 32
Rezeptor 33
Rezeptorschicht 33
rote Pulpa 25
Rückenmark 36

S
Sacculus 35
Scala thympani 35

Index

Scala vestibuli 35
Schwann-Zelle 37
Sekundärfollikel 23
Serotonin 43
Spinocerebellum 40
Stammzellen 13
Stereozilien 36
Stratum basale (= Basalis) 3
Stratum corneum 5
Stratum germinativum 5
Stratum granulosum 40
Stratum molekulare 40
Stratum papillare 3
Stratum retikulare 3
Stratum spinosum 4
Stria vascularis 36
Substantia nigra 43

T
Tektorialmembran 36
Thymus 23, 26
T- Lymphozyten 22

Tonsillen 27
Trabekel 24
Trabekelgefäße 24
Trachea 9, 10
T-Zellen 23

U
Uferzellen 25
Utriculus 34, 35

V
Vater-Pacini-Körperchen 6
Vestibulocerebellum 40

W
weiße Pulpa 25

Z
Zellteilung 4
Zentrozyten 23
Zonulafasern 31
Zystische Fibrose 14

Deine Meinung ist gefragt!
Es ist erstaunlich, was das menschliche Gehirn an Informationen erfassen kann. Slbest wnen kilene Fleher in eenim Txet entlheatn snid, so knnsat du die eigneltchie lofnrmotian deoncnh vershteen – so wie in dsieem Text heir.

Wir heabn die Srkitpe mecrfhah sehr sogrtfältg güpreft, aber vilcheliet hat auch uesnr Girehn – so wie deenis grdaee – unbeswust Fheler übresehne. Um in der Zuuknft noch bsseer zu wrdeen, bttein wir dich dhear um deine Mtiilhfe.

Sag uns, was dir aufgefallen ist, ob wir Stolpersteine übersehen haben oder ggf. Formulierungen verbessern sollten. Darüber hinaus freuen wir uns natürlich auch über positive Rückmeldungen aus der Leserschaft.

Deine Mithilfe ist für uns sehr wertvoll und wir möchten dein Engagement belohnen: Unter allen Rückmeldungen verlosen wir einmal im Semester Fachbücher im Wert von 250 Euro. Die Gewinner werden auf der Webseite von MEDI-LEARN unter www.medi-learn.de bekannt gegeben.

Schick deine Rückmeldung einfach per E-Mail an support@medi-learn.de oder trag sie im Internet in ein spezielles Formular für Rückmeldungen ein, das du unter der folgenden Adresse findest:

www.medi-learn.de/rueckmeldungen